Birgit und Geert Zebothsen

Die erste Power-Diät für Männer

Birgit und Geert Zebothsen

Die erste Power-Diät für Männer

... denn Männer nehmen leichter ab!

Herbig

Die Autoren danken den Zeitschriften »Fit for Fun«, »Journal für die Frau«, »Men's Health«, »Shape«, »Wellfit« u. a. für ergänzende Informationen und Interpretationen.

Besuchen Sie uns im Internet unter
http://www.herbig.net

Schutzumschlaggestaltung: Wolfgang Heinzel unter Verwendung einer Zeichnung von Steffen Butz
Vignetten: Steffen Butz
Satz: Filmsatz Schröter GmbH, München
Gesetzt aus: 11,5/15,5 Punkt Rotis Sans Serif
Druck: Jos. C. Huber KG, Dießen
Binden: R. Oldenbourg, Heimstetten
Printed in Germany
ISBN 3-7766-2273-3

INHALT

VORWORT

Lieber Leser,

wir können Sie beruhigen (und liebe Leserin, falls Sie Ihrem Freund, Partner, Bruder, Gatten, Lover, Kollegen oder Ex dabei helfen wollen, unnütz vorhandene Fettpolster dauerhaft loszuwerden oder bloß neugierig sind zu erfahren, wie mühelos Abnehmen auf moderne Art klappt – übrigens auch bei Frauen): Dieser Power-Diät-Ratgeber ist kein dicker Schinken, voll gepropft mit Vorhaltungen, wissenschaftlichen Tabellen, spekulativen Formeln, umständlichen Rezepten oder gar einem historischen Abriss über den Wandel der Essgewohnheiten von der Antike bis zur Erfindung der Fast-Food-Kultur unserer Tage.

Essen Sie so viel, wie Sie mögen, aber essen Sie das Richtige

Freuen Sie sich über jedes dahinschmelzende Pfund – es wird nie wiederkommen

Garantiert nicht.
Und dieser Ratgeber verspricht auch keine Wunder.
Er stellt einfach nur die neueste (und »schmerzlosesste«) Diät-Methode mit ihren wichtigsten Wahrheiten vor.
Die lauten: Essen Sie so viel, wie Sie mögen, aber essen Sie das Richtige – und lassen Sie Kalorien Kalorien sein. Freuen Sie sich über jedes dahinschmelzende Pfund – es wird nie wieder kommen. Wundern Sie sich

Wer so abnimmt, kriegt frische Power. Garantiert!

nicht, wenn Sie sich laufend besser fühlen und, ganz nebenbei, agiler, mobiler, leistungsfähiger werden.
Vor allem, setzen Sie die frische Power, die Sie durchflutet, in mehr Lebensfreude um.
Vorschlag zur Güte: Bleiben Sie während der ganzen Diät locker und entspannt und voller Zuversicht.
So ähnlich haben wir dieses Buch auch versucht zu schreiben: nicht trocken und bierernst, eher heiter, gut gelaunt, damit Sie es zur Not in einem Rutsch durchlesen können.
Natürlich lässt sich die eine oder andere Information nur relativ sachlich darstellen. Schließlich wollen Sie übers reine Abspecken hinaus ja auch nachvollziehen können, was währenddessen mit und in Ihrem Körper passiert. Darum kommen wir im ersten Teil unseres Ratgebers – wir nennen diesen ersten Teil »Die Spielregeln« – nicht darum herum, ein paar grundsätzliche Zusammenhänge etwas detaillierter zu erläutern. Diese Infos sollten Sie auch wirklich als erste verinnerlichen, selbst auf die Gefahr hin, dass Sie einige davon bereits kennen. Entscheidend ist letztlich der Gesamtzusammenhang.

Ein paar Infos vorab müssen sein – wegen des Gesamtzusammenhanges

Im zweiten Teil – er trägt den Titel »Das Phänomen« – beschreiben wir dann die eigentliche Diät-Methode, um die sich hier alles dreht. Stichwort: das »Supersatt-Phänomen«. Außerdem zeigen wir hier, inwieweit ein bisschen körperliche Aktivität den Abnehm-Effekt nicht nur verstärkt, sondern so sehr zum allgemeinen

Wohlbefinden beiträgt, dass Sie ganz schnell ganz wild drauf sind. Und sich darum zwischendurch sogar mal »kleine Naschsünden« erlauben können.

Der dritte Teil – Sie ahnen, wie wir den nennen? Genau: »Der Beweis« –, ist die Probe aufs Exempel. So eine Art Diät-Diary, das Abnehm-Protokoll (m)eines Mannes, der praktisch als Versuchskaninchen herhalten musste, um die neue Methode zu testen. Ergebnis: 20 Pfund runter. Wer mit diesem Buch zum ersten Mal abnehmen will, wird verblüfft sein, wie leicht es tatsächlich klappt; wer schon öfter nach den bisher üblichen Methoden diätet hat, wird sich in dieser amüsanten, augenzwinkernd ironischen Story wiederfinden, aber vergeblich nach – durch Entbehrungen und Frust ausgelösten – Jammer-Attitüden und entsprechend heroischen Durchhalteparolen suchen. Obwohl Männer doch gern mal tragisch sind: sie haben es ab sofort nicht mehr nötig.

Wer schon öfter diätet hat, weiß, was alles nicht klappt …

Birgit Zebothsen

ERSTER TEIL

Die Spielregeln

Es geht um den Tripp, der ein Trend ist:

Immer mehr Männer achten auf ihre Gesundheit, wollen sich vernünftig ernähren und »erfolgreich« aussehen, mit anderen Worten:
abspecken und schlank werden.

Warum das bei ihnen leichter und schneller klappt als bei Frauen, welches Ziel-Gewicht jeder Einzelne für sich anvisieren sollte, wie man(n) den berühmt-berüchtigten Jojo-Effekt vermeidet, welche Rolle das Alter spielt, was der Stoffwechsel mit uns veranstaltet und wieso plötzlich jeder von »Körperfettanteil« redet – hier erfahren Sie alles.

Männer entdecken ihre Gesundheit.
Und ihren Bauch. Und etwas ganz ganz Neues:
ihr schlechtes Gewissen ...

Es hat zwar ein paar tausend Jahre gedauert, aber was sind schon ein paar tausend Jahre, wenn es um ein paar Einsichten geht? Eben.

Die Lust auf ein schlankeres – besseres – Leben

Nun ist der Mann wirklich dran. Womit?

Mit der neuen, endgültigen Lust auf ein besseres, gesünderes Leben.

Und das bedeutet: entgegen anders lautenden Gerüchten ist die Spezies Mann wohl doch lernfähig.

Das Streben nach körperlichem Wohlbefinden und die mentale Fähigkeit, ein paar einfache Erkenntnisse in die Tat umzusetzen – Erkenntnisse, die ewig und drei Tage als absolut »unmännlich« galten –, all das wird nach einem Riesenanlauf endlich zur Realität.

Der neue Trend – und die Frauen trauen ihren Augen kaum

Aus einem einzigen Grund: Um uns herum tobt ein Trend, der so einiges verändert. Friedlich, aber mit aller Macht. Unauffällig, aber unaufhaltsam.

Und die Frauen? Die trauen ihren Augen kaum.

Was da passiert? Der Mann entdeckt seinen Körper. Innen und außen und überhaupt.

Und zum ersten Mal beschleicht ihn das schlechte Gewissen, eben diesen Körper – einen anderen kriegt er ja nicht – schlecht behandelt zu haben.

Die Folgen sind schon jetzt unübersehbar:

Plötzlich bringt er nicht nur seine kostbare Harley-Davidson zur Inspektion, sondern auch sich selbst. Plötzlich fängt er an, nicht nur über so etwas Wichtiges wie Fußball, sondern auch über so etwas Unwichtiges wie Blutdruck- oder Cholesterinwerte zu reden. Plötzlich weiß er nicht nur über das Antiblockiersystem beim Formel-1-Renner, sondern auch über das Anti-Aging-Programm beim neu installierten »Männerarzt« Bescheid. Und dass man sich für die Kleinigkeit von 2500 Euro das Fett rund um den Bauch absaugen lassen kann, theoretisch, versteht sich, stand das nicht neulich in der Zeitung?

Der Mann ist im 21. Jahrhundert angekommen – Gott sei Dank

Der Mann ist im 21. Jahrhundert angekommen, und das 21. Jahrhundert tut ihm rundherum gut.

»Übergewicht« war ein absolutes Unwort.
Man(n) war allenfalls »kräftig« oder »stämmig«.

Fitness-Freaks gab's schon immer. Aber die neigen zu Übertreibungen

Um Missverständnissen vorzubeugen: Natürlich kennt jeder von uns Männer, die sich seit Jahren nahezu liebevoll um ihren Body kümmern. Fitness-Freaks, denen die Kraftmaschine im Health-Studio tausendmal wichtiger ist als das Sofa zu Hause. Masochisten, die vom »Iron Man« auf Hawaii träumen. Und ganz ohne Frage sitzen eine Menge Hypochonder in den Wartezimmern herum, weil wieder ein ganz neues ganz unheimliches Zwacken das endgültige Siechtum verheißt.

Aber diese Männer meinen wir nicht.

Wir meinen die zig Millionen Männer, die bis vor kurzem noch Ignoranten waren und sich den Teufel um ihre Gesundheit scherten. Die zwar wussten, dass sie, statistisch gesehen, eine um sieben Jahre geringere Lebenserwartung als die Frauen haben; die diese Tatsache aber als gottgewollt hinnahmen, und außerdem trifft der Schlag ja bestimmt nur den Kollegen, der ist eh zu dick …

Übergewicht? Kein Thema

Womit wir endlich beim Thema sind.

Essen. Gewicht. Übergewicht.

Letzteres ein Wort, das in der so genannten männlichen Bevölkerung fast tabu war. Übergepäck, okay, netter Urlaubsgesprächsstoff: »Wir brauchten noch einen zweiten Koffer für Klaras Klamotten, das hat gekostet!« Aber Übergewicht? (Wobei Übergepäck ja auch nichts anderes als eine Form von Übergewicht ist, oder?) Egal, als Herr des Hauses war man allenfalls »stämmig«. Oder »kräftig«. Unter Umständen »kompakt«. »Dick« nun wirklich nicht. Komisch: Frauen nannten Gewichtsprobleme bei sich (und unter sich) schon immer gnadenlos beim Namen. Frauen machen deshalb auch schon immer gnadenlos Diäten (ob immer die richtigen, sei dahingestellt).

Nicht mal jeder 4. Mann achtete bisher auf eine vernünftige Ernährung

Dabei steht eindeutig fest: Nicht Frauen – Männer ernährten sich bisher im Ganzen ungesünder und sind im Durchschnitt über alle Altersklassen hinweg dicker. Nicht einmal jeder Vierte achtete auch nur im Ansatz darauf, was er da täglich an Nahrung zu sich nimmt.

Jetzt ist der dicke Mann der Schnee von gestern

Egal, ob Single, Kantinenbesucher, Wochenend-Bekochter oder Dreimal-am-Tag-zu-Hause-Esser.
Aber lassen wir das. Denn ab sofort – siehe oben – ist der dicke Mann der Schnee von gestern.
Im Rahmen einer aktuellen Umfrage kam jetzt tatsächlich heraus: Auf der männlichen Interessensskala tummelt sich bei den über 45-Jährigen keineswegs mehr die Sexbombe auf Platz 1, sondern – halten Sie sich bitte fest – die gesunde Ernährung!
Wenn das keine Sensation ist!

Schuld am falschen Essen und Trinken sind natürlich immer die »Umstände«.

»Iss deinen Teller leer, damit du groß und stark wirst!«

Amerikanische Wissenschaftler – wer denn sonst – haben akribisch recherchiert, warum man eigentlich zu viel futtert. Das fängt damit an, dass die kleinen Jungs zu Hause ständig zu hören kriegen: »Iss deinen Teller leer, damit du groß und stark wirst.« Und es endet damit, dass viele Männer von Berufs wegen viel unterwegs sind, hier einen Burger im Stehen verdrücken, dort einen Zwischendurch-Snack reinschieben, und abends zu Hause das dumme Gefühl verspüren, eigentlich nichts »Richtiges« gegessen zu haben. Also wird ein ordentliches Nachtmahl fällig.
Auch wer sich keine Zeit fürs Frühstück nimmt, ist stark Heißhunger-gefährdet: Spätestens am Nachmit-

tag kommt die große Energiekrise, dann wird z.T. wahllos zugeschlagen (gilt im Übrigen nicht nur für Männer).

Leute, die übermüdet sind, haben ein ähnliches Problem: Der Körper produziert hungrig machende Stresshormone, die »zwingen« einen regelrecht dazu, mit Kalorienorgien dagegenzuhalten. Wenn dann vorher noch der eine oder andere gute Tropfen im Spiel ist – Alkohol wirkt auf nüchternen Magen besonders schnell –, macht der sinkende Blutzuckerspiegel zusätzlich hungrig.

Wer übermüdet is(s)t, steht unter Ess-Stress

Findet das Ganze zu allem Überfluss in geselliger Runde statt – Geschäftsessen, Sie kennen das –, geht das Sättigungs-Alarmsystem völlig den Bach runter. Je mehr Leute am Tisch, desto mehr Kalorien konsumiert der Einzelne: bis zu 45 Prozent plus.

Geradezu unglaublich, was die US-Futterforscher außerdem herausfanden: Auch flotte Musik ist schuld an zu intensiver Nahrungsaufnahme! Schnelle Rhythmen beim Essen sorgen dafür, dass wir die Gabel öfter zum Munde führen. Weniger drauf ist deswegen jedoch keineswegs ...

Flotte Musik ist schuld daran, dass wir die Gabel öfter zum Munde führen

Fast müßig der Hinweis auf das männliche Feierabendgebaren vor dem Fernseher. Knabbergebäck, gesalzene Nüsse & Co. peppen so manchen laschen TV-Film auf – gewichtsneutral ist davon leider nichts.

Einen durchaus »gesellschaftlich relevanten« Aspekt wollen wir bei der Frage nach den mehr oder minder unterschwelligen Ursachen des falschen Essens &

Viele Jahre waren »stattliche« Männer angesagt. Jetzt macht Schlanksein eine gute Figur

Trinkens keineswegs unter den Teppich kehren. Viele, viele Jahre waren »stattliche« Männer in Maßanzügen en vogue. Das betraf vor allem auch die »staatlichen« Männer. Bestes Beispiel: Ex-Kanzler Helmut Kohl als Prototyp des »großen Häuptlings«, der nach »mehr« aussah, dessen Worten »Gewicht« beigemessen wurde, der allein von der Statur her in der Lage schien, die »Last« dieses Landes zu tragen.

Inzwischen sind Männer an der Macht, die trotz diverser Festbüfetts eine gute Figur machen. Der eine oder andere läuft sogar Marathon. Man kann's auch übertreiben.

Fast alle Diäten, die es bisher gibt, sind »weibliche« Diäten.
Aber Frauen haben andere Gewichtsprobleme als Männer.

Die Formel lautet: gesund = attraktiv = erfolgreich!

Wollen wir uns an dieser Stelle darauf einigen, dass es einen erfreulich starken Trend zum schlanken (und damit gesunden, attraktiven, erfolgreichen) ER gibt? Gut. Insoweit erscheint dieses Buch genau im rechten Augenblick. Denn damit, dass sich das starke Geschlecht zum willens-starken Geschlecht mausert – »Ich muss nicht nur, ich will abnehmen!« –, ist es ja keineswegs getan.

Das Abspecken sollte am besten mit einer Methode

passieren, die keinerlei Hungern beinhaltet und sich darum mühelos durchhalten lässt – gleichgültig, ob es um fünf, zehn, zwanzig oder noch mehr Pfunde geht. Und: Es sollte keine Allerwelts-Wald-und-Wiesen-Diät sein, die eigentlich für Frauen entwickelt wurde. Dazu muss man wissen: Fast alle bekannten Diäten hatten bisher vor allem den Abbau weiblicher Fettpolster zum Ziel, aber diese Fettpolster kommen anders zustande (mehr darüber auf der nächsten Seite).

Dieses Buch liefert die 1. echte Power-Diät für Männer:

Die Botschaft: Keine komplizierten Formeln, keine aufwändigen Rezepte, keine quälende Kalorienzählerei

- Sie basiert auf neuesten ernährungsphysiologischen Erkenntnissen.
- Sie funktioniert, ohne dass irgendjemand irgendwelchen komplizierten Formeln nachgrübeln oder aufwändige Rezepte nachkochen muss (welcher Mann täte das oder würde die ständige Extra-Kocherei von seiner liebenden Gattin verlangen?).
- Sie verzichtet auf die elende Kalorienzählerei, mit der man bei vielen anderen Diäten gequält wird.
- Sie bereitet Kopf und Bauch null Stress.
- Sie verhindert den berühmt-berüchtigten Jojo-Effekt (die alte Leier: kaum ist die Diät zu Ende, legt das Opfer wieder zu).

Grundlage dieser Diät ist das neu entdeckte »Supersatt-Phänomen«. Wir gehen darauf ab Seite 57 genauer ein. Das Geheimnis: Essen, so viel man will – aber clever. Dabei kommt es nicht auf einzelne Mahlzeiten, sondern auf das Grundprinzip an, dabei spielt

Nicht die Menge, die Energiedichte der Lebensmittel ist wichtig

nicht die Menge, sondern die Energiedichte der Lebensmittel die entscheidende Rolle.

So easy war Abspecken noch nie!

Und dass einem jedes Pfund minus ein Plus an körperlicher und mentaler Power beschert – darum der Titel »Power-Diät« –, müssen Sie zunächst mal gar nicht glauben, Sie werden es ganz einfach erleben!

Ein Mann hat das Ganze schon mal am eigenen Leib ausprobiert und genau so viel an Gewicht verloren, wie er wollte: 20 Pfund. Ab Seite 89 können Sie sein Diät-Diary lesen – ein Abspeck-Protokoll, das launig statt langweilig daherkommt. Vielleicht, weil er nie auf sein Feierabend-Bier verzichten musste ...

Klingt beruhigend?

Ja.

Dann wird Ihnen auch die 1. Botschaft der 1. Power-Diät für Männer richtig gut gefallen. Sie lautet:

> *Männer nehmen leichter ab.*
> *Das ist kein Zufall – die menschliche Natur will es so.*

Frauen nehmen schwerer ab – sie haben es immer schon gewusst und immer darunter gelitten

Die Frauen haben's immer schon gewusst, und sie haben drunter gelitten. Ihre Freunde, Partner, Lebensgefährten, Ehemänner – die Hundertschaften der Besserwisser – glaubten ihnen selbstverständlich kein Wort. Im Gegenteil: Sie warfen ihnen im Diät-Ernstfall

gern mal mangelnde Bereitschaft zum Durchhalten vor – »Man muss eben konsequent sein, Liebes, verstehst du: konsequent!« –, aber den Beweis eigenen Stehvermögens traten die meisten von ihnen bis vor kurzem niemals an ...

Der Unterschied: Sie hat mehr Fettzellen, er hat mehr Muskelmasse

Dabei fällt es den Männern von Natur aus wirklich leichter, schlank zu werden und schlank zu bleiben. Auf einen kurzen Nenner gebracht, erklärt sich das so: Frauen haben mehr Fettzellen, Männer haben mehr Muskelmasse.

Basta.

Dieser Unterschied ist kein Zufall, sondern biologisches Grundgesetz, und es galt schon in der Steinzeit. Damals waren die Lebensumstände, vornehm ausgedrückt, ziemlich haarig. Hungersnöte, widrige klimatische Verhältnisse – wer ein paar ordentliche Fettpolster sein Eigen nannte, besaß eindeutig bessere Überlebenschancen.

Die weiblichen Problemzonen von heute waren früher überlebenswichtig

So ganz nebenbei hatten die Frauen ja auch schon im Neandertal eine ganz spezielle Aufgabe: Während die Kerle den wilden Jäger machten, mussten sie daheim in der Höhle den Nachwuchs zur Welt bringen. Gerade Fettpolster an Po, Hüfte und Oberschenkel – nach heutigen Schönheits-Maßstäben die Problemzonen, wenn nicht gar absoluten »Krisenregionen« der weiblichen Figur – stellten in der Schwangerschaft und anschließenden Stillzeit die Ernährung der Kids sicher. Gesteuert von speziellen Schwangerschaftshormonen gaben und geben (da hat sich vom Prinzip her in den

Jahrtausenden nichts geändert) die Fettzellen in dieser Zeit ihre gespeicherten Fette bereitwillig ab – über die Muttermilch, der einzigen Nahrungsquelle für die Nachkommen. Wenn sich diese Steuerungshormone dann nach einigen Monaten verdünnisieren, verharrt das Fett an genau diesen Stellen (aber auch im Unterhautgewebe) in Parkposition. Ganz offiziell für die nächste Schwangerschaft. Wenn die nicht eintritt: Pech gehabt.

Fett für die nächste Schwangerschaft – blieb die aus: Pech gehabt …

Die Fettspeicherung hat nun mal dafür zu sorgen, dass die weibliche Fruchtbarkeit erhalten bleibt. Über viele Jahre ihres Lebens muss die Frau also so unterschiedliche Zyklen und Regel-Vorgänge wie Pubertät, Menstruation, Kinderkriegen oder Wechseljahre durchstehen – und währenddessen wimmelt es nur so von Ursachen für kleinere oder größere Gewichtsattacken. Fast könnte man sagen: Im Prinzip meint die Natur es ja gut, aber die figurbewusste Frau hat's auszubaden. Dass ihr Körper darüber hinaus generell mehr Wasser einlagert, macht das Ganze noch ärgerlicher …

Achtung: Jetzt legen alle Männer bitte eine Gedenkminute für die Frauen ein!

Ihnen kommen gleich die Tränen? Stimmt: Die letzten 20 Zeilen haben mit der Männer-Diät nicht das Geringste zu tun, wir bestehen aber trotzdem darauf, dass die Herren der Schöpfung endlich mal – und sei es nur für Sekunden – so etwas wie Dankbarkeit und Mitgefühl gegenüber ihren Liebsten spüren, okay?

Unser Körper setzt sich zu $^1/_5$ bis $^1/_4$ aus Fett zusammen - eigentlich. Aber die halbe Menschheit hat mehr drauf.

Mit der schlichten Feststellung von eben »Frauen haben mehr Fettzellen – Männer haben mehr Muskelmasse« (bis zu zehn Prozent mehr übrigens) ist es leider nicht getan. Man muss schon ein wenig genauer hinter die Kulissen schauen, um das unterschiedliche Gewichtsproblem bei *Ihm* und *Ihr* im Kern zu begreifen.
Fakt ist: Der menschliche Körper besteht – klingt nicht sehr charmant, aber wir wollen die Dinge ja beim Namen nennen – aus Unmengen Wasser und Fett sowie fettfreier Masse, wobei mit dieser fettfreien Masse zum größten Teil Muskulatur, Knochen und Organgewebe gemeint ist. Beim Mann macht der reine Fettanteil im Idealfall gerade mal zehn bis 20 Prozent aus, bei der Frau sind es – bleiben wir beim Idealfall – etwa 18 bis 27 Prozent.

Bei ihm sind's zehn bis 20 Prozent Fett. Im Idealfall …

Zum Glück sitzt dieses Mehr an weiblichem Fett oftmals – aus männlicher Sicht – genau an der richtigen Stelle. Rundungen können etwas Wunderbares sein …
Die Tragik folgt auf dem Fuße: Beim »Dickerwerden« nimmt vor allem die Fettmasse zu. Nicht einfach so, sondern überproportional, und zwar im Verhältnis 3:1. Wer also zum Beispiel zwölf Kilo aufstockt, hat hinter-

Beim »Dickerwerden« nimmt vor allem die Fettmasse zu. Und zwar überproportional

her neun Kilo mehr Fettgewebe am Körper, aber nur drei Kilo mehr Muskelmasse & Co.

Männliche Fettzellen enthalten Fett abbauende Enzyme. Weibliche Fettzellen nicht …

Und auch dieser Schicksalsschlag trifft wiederum vorzugsweise die Frauen … Männer besitzen ja, wie gesagt, von Hause aus weniger Fettzellen, außerdem sind diese wenigeren auch noch kleiner, können ergo nur bedingt zusätzliche Kapazitäten einlagern. Zu allem Überfluss – das Leben ist hart, liebe Ladys! – enthalten die männlichen Zellen auch noch ein gerüttelt Maß an Fett abbauenden Enzymen!

Eigentlich müsste der Vagus-Nerv allen Frauen auf die Nerven gehen. Weil er so unfair ist …

Schon mal vom Vagus-Nerv gehört? Er spielt bei der Verdauung eine zentrale Rolle

Um das Maß der Ungerechtigkeiten voll zu machen: Die (schon mehrfach angesprochenen) fleißigen US-Ernährungswissenschaftler sind dem so genannten Vagus-Nerv auf der Spur. 99 Prozent aller Menschen ahnen nicht einmal, dass sie solch ein Teil besitzen. Dabei hat dieser große Hirnnerv allerlei zu erledigen: Er steuert die Muskulatur des Gaumens, Rachens, Kehlkopfes, der Luftröhre und Bronchien, der Speiseröhre, des Magens, Dünndarms und der Blutgefäße. Und er spielt bei der Verdauung eine zentrale Rolle: kaum fangen wir an zu essen, wird er stimuliert – je nach Geschlecht arbeitet er allerdings höchst unterschiedlich.

Bei Männern ist der Nervus Vagus – gleiches Essen vorausgesetzt – wesentlich aktiver als bei Frauen. Auf seinen Befehl hin schüttet der männliche Organismus erheblich mehr Hormone und Verdauungspeptide aus. Die Folge: eine deutlich zügigere Magenentleerung, was für die Linie fraglos von Vorteil ist.

Überflüssige Pfunde siedeln sich am liebsten vorn am Bauch an. Dort sind sie leider ziemlich schädlich

Spätestens jetzt fragt man sich natürlich, wo dann all die übergewichtigen Kerle herkommen ...

Der Ordnung halber weisen wir darauf hin, dass die typische Fettverteilung beim Mann nach vorn orientiert ist – in vielen Fällen siedeln die überflüssigen Pfunde am Oberkörper, präziser: in Bauchhöhe. Dort haben sie nach dem ewigen Bauplan des Lebens nichts, aber auch gar nichts zu suchen, führen lediglich zu schlechten Blutzucker-, Cholesterin- und Blutdruckwerten.

Wer in der Leibesmitte so aussieht, muss es sich übrigens gefallen lassen, dass ihn die Experten als »Apfeltyp« bezeichnen (im Unterschied zum »Birnentyp«, bei dem das Fett sich's vor allem an Hüften, Beinen und Hinterteil bequem macht – wie gesagt, in erster Linie weibliche Problemzonen).

Die massiv männliche Kilo-Konzentration auf die Gegend um den Bauch plus Taille haben die Ernährungsexperten messtechnisch voll im Griff: Wer es auf einen Bauchumfang von mehr als 94 Zentimetern bringt, zählt bereits zur unteren gesundheitlichen Risikogruppe, ab 102 Zentimetern wird es dann richtig ernst. Wie ernst? Die Experten drohen mit Gallensteinen und steigender

Ab 102 Zentimetern Bauchumfang ist man(n) ein Krisenfall

Ab 106 Zentimetern Bauchumfang sind Erektionsstörungen schon fast »normal«

Infarktgefahr, und bei einem Bauchumfang von mehr als 106 Zentimetern ist angeblich sogar die Potenz im Eimer: Eine US-Studie ergab, dass Erektionsstörungen doppelt so häufig auftreten im Vergleich zu Schlankeren mit z. B. knapp über 80 Bauch-Zentimetern.
Jetzt reicht's?
Es gibt natürlich auch hier wieder eine gute Nachricht: Der Apfeltyp-Bauch kann relativ schnell abgebaut werden – noch ein genetischer Bonus für den Mann. Die Diät wirkt hier besonders fix, auf jeden Fall erheblich rascher als zum Beispiel an den Hüften. Bislang sind sich die Ernährungsexperten nicht recht schlüssig, was der Grund dafür sein könnte. Vielleicht sollten sie mal beim Vagus-Nerv nachfragen?
Klar: Nicht alle Diät-Kandidaten haben einen Bierbauch, das darf man wirklich nicht verallgemeinern. Es gibt genügend übergewichtige Männer, die deswegen auch länger brauchen, bevor sie drauf kommen, dass ihr Gewicht längst eine mittlere Katastrophe ist. Um die kümmern wir uns jetzt.

Wer sagt denn, dass man wirklich zu dick ist?
Der »BMI« sagt das.

Der »Body-Mass-Index« ist die einzig wahre Währung beim Körpergewicht

»BMI«? Nie gehört. Wir wollten Sie mit allem unnützen ernährungsphysiologischen Hokuspokus verschonen? Stimmt, tun wir auch, versprochen. Aber der BMI

muss sein. Das Kürzel bedeutet »Body-Mass-Index«, und dieser Index ist seit einigen Jahren die einzige, weltweit anerkannte Grundlage für die Beurteilung von Unter-, Normal- bzw. Übergewicht und dem, was die Ärzte »Fettsucht« respektive »massive Fettsucht« nennen.

Vorher wurden hierzulande die verrücktesten Zielvorgaben gehandelt. Erinnern Sie sich noch ans so genannte »Idealgewicht«? Damit hatten selbst Hungerleider ihre liebe Not, denn die Berechnung lautete: Größe in Zentimetern minus 100, davon dann noch mal 15 Prozent runter. Am besten, Sie versuchen gar nicht erst, das zu checken, vermutlich müssten Sie sich halbieren.

»Idealgewicht«? Passé. »Normalgewicht«? Auch überholt. Es lebe das »Wohlfühlgewicht«

Auch das zwischenzeitlich angesagte »Normalgewicht« war nicht ohne. Körpergröße in Zentimetern abzüglich 100 – eher kleine Männer wurden damit zu rund gerechnet, wer unter »lang« rangierte, schien nach dieser Bewertung fast zu dünn.

Mit dem gegenwärtig gültigen »Wohlfühlgewicht« kann man dagegen ganz gut leben. Erlaubt sind zehn Prozent über oder unter dem »Normalgewicht«, dabei spielt auch das Alter eine Rolle, denn unser Körper ist so programmiert, dass sich mit den Jahren der Stoffwechsel verlangsamt und man gleichzeitig Muskelmasse verliert. Automatisch gibt's ein paar Pölsterchen, selbst dann, wenn wir nicht eine einzige Kalorie mehr gefuttert haben.

Welche Werte okay sind, hängt auch vom Alter ab

Idealgewicht hin, Wohlfühlgewicht her – nun wollen

Sie vermutlich doch freiwillig wissen, was mit dem fabelhaften »Body-Mass-Index« los ist?
In Ordnung. Wir werden Sie aber nicht mit der Formel an sich erschrecken, auf der der BMI basiert, denn die setzt ein mehrjähriges Mathematik-Studium voraus (nur für Cracks: »Körpergröße in Kilogramm, geteilt durch das Quadrat der Körpergröße in Metern«). Zum Glück lässt sich der BMI auch in Form einer Tabelle darstellen. Hier nebenan ist die Übersicht. Links finden Sie die Größenmesslatte, sie reicht bis über zwei Meter (für den »Beißer« aus den James-Bond-Filmen), rechts außen ist die Gewichtsabstufung platziert (wer über 150 Kilo wiegt, weiß selbst, dass er bei allem, was jetzt folgt, nicht überrascht tun sollte), dazwischen liegt die Skala, auf die es letztlich ankommt.

Die »BMI«-Formel versteht kein normaler Mensch. Zum Glück gibt's das Ganze auch als schlichte Tabelle

Das Einzige, was Sie jetzt brauchen: ein kleines Lineal.

Nehmen wir folgendes Beispiel: Sie sind 1,75 Meter groß und bringen derzeit 93 Kilo auf die Waage. Also legen Sie das Lineal links bei 175 an und führen es rechts zur Zahl 93. Und dann schauen Sie mal, an welcher Stelle Ihr Lineal die BMI-Skala kreuzt. Genau: bei etwa 30. Und das Farbfeld darunter signalisiert ziemlich unmissverständlich: ein BMI von 30 liegt im Grenzbereich zwischen leichtem und stärkerem Übergewicht.

Wahrscheinlich müssen Sie jetzt ganz tapfer sein …

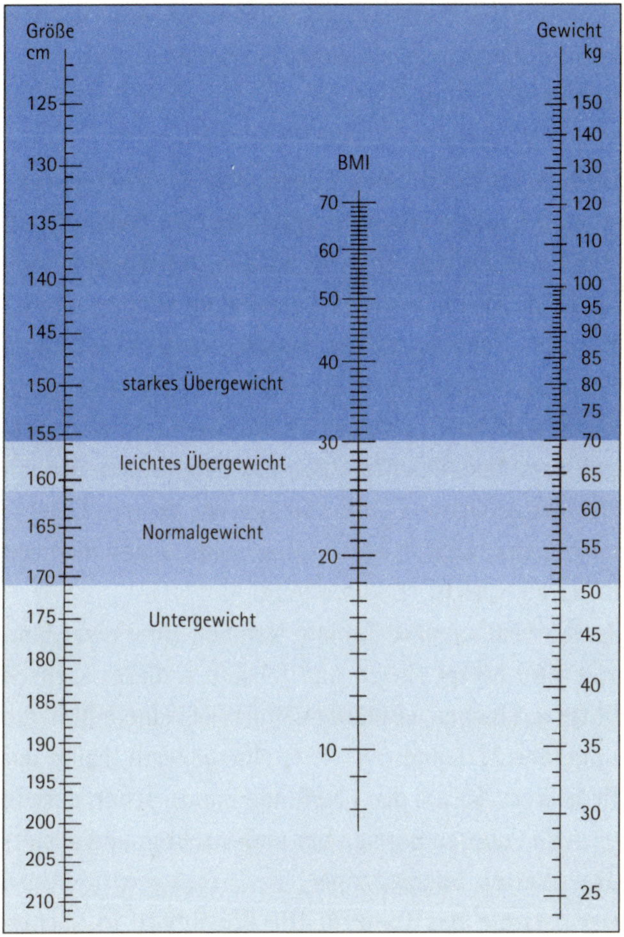

»BMI«-Tabelle: Die Wahrheit liegt in der Mitte

Einfacher und präziser kann man seinen Ist-Zustand eigentlich kaum feststellen.

Auch wenn im ersten Augenblick keine rechte Freude aufkommen will – das Schöne an der BMI-Tabelle ist: Sie vermag nicht nur Schocks auszuteilen, sie gibt auch

Hoffnung und eine klare Antwort auf die Frage, wie viel Pfunde denn nun sinnvollerweise runter müssen.
Wie das?

Man misst den Ist-Zustand und kann anschließend sofort sehen, wie viele Pfunde mindestens runtermüssen

Bleiben wir noch einen Augenblick bei unserem Beispiel. Die Länge von 1,75 Meter ist eine feststehende Größe – für's Gewicht von 93 Kilo gilt das aber keineswegs. Wenn wir das Lineal nun nämlich rechts langsam abwärts gleiten lassen, wandert der BMI-Skalenwert in der Mitte ebenfalls mit nach unten. Und siehe: Auf Höhe von etwa 78 Kilo wechselt das Lineal aus dem Feld »leichtes Übergewicht« in den Bereich »Normalgewicht« – sofort wissen wir, welche Zielvorgabe unsere Diät in etwa haben sollte: einen BMI von unter 25, sprich: 15 Kilo minus.

Anderer Fall, andere Zahlen: Nehmen wir einen Mann von 1,80 Meter Größe und 89 Kilo – dieser Mensch hätte gut lachen, er würde nämlich bei einem BMI von ungefähr 27 landen: leichtes Übergewicht, kaum der Rede wert. So um die 12 Pfunde minus, schon geriete er in den oberen Bereich der angestrebten und allseits akzeptierten Toleranzzone.

Kleiner Trost: Pro Lebensjahrzehnt darf man ein bis zwei Einheiten höher liegen

Der Charme des Ganzen: Die Bandbreite in Sachen »Normalgewicht« hat immer auch ein bisschen mit dem Alter zu tun. Je mehr Jahre Sie auf dem Buckel haben, desto höher darf die optimale BMI-Spanne angesiedelt sein. Es gibt da eine Art Faustformel: Lebensjahrzehnt plus 1 bis 2. Im Detail sieht das dann so aus:

- Wer als Mann Anfang 20 ist, liegt mit einem BMI zwischen 19 und 24 richtig.
- Im Alter von Mitte 20 bis Mitte 30 sollte der Wert etwa 20 bis 25 betragen.
- 35- bis 45-Jährige dürfen schon zwischen 21 und 26 pendeln.
- Für die nächsten zehn Jahre gilt ein BMI-Ziel von 22 bis 27.
- Männer zwischen 55 und 65 orientieren sich an der BMI-Spanne 23 bis 28.
- Wer in Rente ist, lässt's sowieso ruhiger angehen: BMI 24 bis knapp 30.

Letztes Beispiel – nun aber eines zum Fürchten: Unser Mann misst knapp 1,70 Meter und bringt es auf 130 Kilo. Nach der Tabelle ergäbe das einen BMI von 44. Daneben stünde zwar nach wie vor nur »Übergewicht«, aber »Übergewicht« ist – man sieht's – ein weites Feld, denn BMI-Werte von über 30 fallen unter die Arzt-interne Rubrik »behandlungsbedürftig«, weil da Fettsucht Klasse 1 beginnt, Klasse 2 startet bei ungefähr 35, und massive Fettsucht nennt sich alles oberhalb eines BMI von 40.

Irgendwann wird aus »Übergewicht« richtige »Fettsucht«: Die gibt's dann sogar in drei Stufen ...

Das sind die Leute, die Hosenträger tragen (müssen) ... Wenn Sie sich jetzt entscheiden, endlich vernünftig abzunehmen, sollten Sie zum Stift greifen und auf der BMI-Tabelle in diesem Buch zwei Striche ziehen – einen durchgehenden, der Ihren augenblicklichen »Zustand« dokumentiert, und einen gestrichelten, der Ihr

Ziehen Sie zwei Linien auf der »BMI«-Tabelle: den augenblicklichen Zustand und das Zielgewicht

Diät-Ziel anzeigt. Die beiden auseinander driftenden Linien wirken tausendmal cooler, als wenn Sie sich einen dramatischen Zettel an die Pinnwand heften, auf den Sie 15 PFUND RUNTER! malen.

Damit Ihre Striche schön auffällig sind, haben wir hier übrigens die klassische BMI-Tabelle abgedruckt. Es gibt zwar auch eine Version, die nur aus einem Farbzonen-Zahlengewirr besteht und angeblich leichter zu benutzen sein soll, aber die beiden eigenen »Schicksalslinien« würden darauf ziemlich untergehen ...

Gewicht ist nicht alles. Wir müssen jetzt über den Körperfettanteil reden – wegen der Figur.

Dem geneigten Leser dürfte mittlerweile aufgefallen sein: Ein Wort ist in diesem Diät-Buch bisher nicht ein einziges Mal zu lesen gewesen, das in jedem anderen Diät-Buch pausenlos vorkommt.

Jetzt kommt das Wort, auf das Sie 33 Seiten gewartet haben: »Waage«

Das harmlose Wort »Waage«.

Aus einem simplen Grund: Erstens hassen die meisten Männer das Wort Waage, und zweitens werden wir auf den nächsten Seiten doppelt und dreifach drüber reden. Aber in einem speziellen Zusammenhang.

Denn: Die Waage, der man früher gern aus dem Weg ging – »Da stell' ich mich nicht drauf, ist doch'n Vorkriegsmodell, und der Fußboden drunter: total uneben, wie soll das funktionieren?« –, hat längst ausgedient.

Die konnte gerade mal eine Kilo-Angabe liefern, das Körpergewicht allein aber ist wirklich nur die halbe Wahrheit.

Jedenfalls für den, der abnehmen und eine vernünftige Figur haben will.

Auf Seite 25 war ja schon einmal von der Tatsache die Rede, dass der Mensch als solcher zu einem gewissen Prozentsatz aus Fett besteht. Hier wollen wir anknüpfen. Die Wissenschaft kann nämlich heutzutage exakt definieren, wie hoch dieser Körperfettanteil je nach Geschlecht und Alter sein sollte, um ein Maximum an Gesundheit und Wohlbefinden – und einen attraktiven Body – zu gewährleisten.

Fett muss sein. Entscheidend ist allerdings, wie viel wir davon mit uns herumtragen

Wir wollen dabei eines nicht vergessen: Fett muss sein! Es dient uns als Schutz und Polster für die inneren Organe, es wirkt wie eine Art Wärmemantel und Power-Depot für den Körper – aus einem Gramm Fett gewinnt der Organismus 9,3 Kalorien Energie. Ohne Fett ist Leben unmöglich!

Es kommt halt darauf an, wie viel wir davon mit uns herumtragen. Ein zu hoher Körperfettanteil – man kann's nicht oft genug betonen – potenziert das Risiko für Bluthochdruck, Herzinfarkt, galoppierende Cholesterinwerte, Diabetes und dergleichen.

Was das alles mit dem Thema Waage zu tun hat?

Die Waage unserer Wahl teilt nicht bloß das Körpergewicht als solches mit, sie verrät auch gleichzeitig den Körperfettanteil.

Wir wagen eine Prognose:
In einer Minute wollen Sie eine Körperfett-Waage haben!

Taille-Hüfte-Relation und Hautfalten-Test: Zwei »Spielchen«, die Sie sofort vergessen sollten

Vergessen Sie die altmodischen, zum Teil sogar komischen Methoden, die nach wie vor durch manche Diät-Ratgeber geistern. Allen voran die »Waist-Hip-Relation« (WHR), bei der man per Maßband den Umfang von Taille und Hüfte misst und den Taillenwert anschließend durch den Hüftwert teilt – wenn das Verhältnis dann unter 1 liegt, ist alles paletti ... Auch Großvaters Kneiftest lässt sich offenbar nicht ausrotten: Danach soll man die Hautfalte am Bauch und am Oberarm mit Daumen und Zeigefinger abheben und ihre Dicke messen; kommen Sie am Bauch auf zwei bis drei, am Oberarm auf einen Zentimeter, liegt Ihr Körperfettanteil angeblich im Normbereich ...
Glauben macht selig.
Die wunderbaren neuen Körperfett-Waagen, zu denen wir raten, kriegt man heute in jedem Kaufhaus, und wesentlich teurer als die herkömmlichen Waagen sind sie auch nicht mehr. Das Funktionsprinzip nennt sich »bioelektrische Impedanzanalyse«, dabei wandert ein äußerst geringer und absolut ungefährlicher Strom von Kontaktflächen unter den Füßen aus durch den Körper. Wegen der unterschiedlichen elektrischen Leitfähigkeit des Fettgewebes und der Muskelmasse

Ein Mini-Strom kriecht durch die Füße

kann die Waage sekundenschnell unterscheiden, was was ist. Vorm Wiegen gibt man lediglich Größe, Alter und Geschlecht ein, und selbst in der WG tut solch ein Teil anstandslos seinen Job: Die Daten von bis zu zehn Personen lassen sich speichern.

Neu (und in einigen Fällen winzig wie ein Handy) sind so genannte »Body Fat«-Checkgeräte, die auf Daumen und Zeigefinger beider Hände reagieren. Durch Berührung zweier Elektroden wird wie bei der Waage der elektrische Körperwiderstand gemessen und in Schritten von 0,5 Prozent angezeigt. Auch diese Body-Controller für die Jackentasche kosten inzwischen kaum mehr als ein nettes Abendessen zu zweit.

Körperfett-Waagen gibt es auch in vielen Arztpraxen, Apotheken und Fitness-Studios

(Kleiner Extra-Hinweis: Wenn Sie die einmalige Ausgabe dennoch scheuen – in immer mehr Arztpraxen, Fitness-Studios oder Apotheken kann man die Körperfettmessung an vorhandenen Geräten z.T. kostenlos durchführen.)

Aber was fängt man nun mit dem Prozentwert auf dem Sichtfeld der großen Waage bzw. des Mini-Controllers an? Man vergleicht ihn mit dieser tabellarischen Übersicht (Seite 38), die auf einen Blick die Wahrheit (und nichts als die Wahrheit) vermittelt:

Körperfettwerte bei Männern – und was sie bedeuten.

Alter	Top	Gut	Mittelprächtig	Schlecht
20 – 24 Jahre	10,8 %	14,9 %	19,0 %	23,3 %
25 – 29 Jahre	12,8 %	16,5 %	20,3 %	24,3 %
30 – 34 Jahre	14,5 %	18,0 %	21,5 %	25,2 %
35 – 39 Jahre	16,1 %	19,3 %	22,6 %	26,1 %
40 – 44 Jahre	17,5 %	20,5 %	23,6 %	26,9 %
45 – 49 Jahre	18,6 %	21,5 %	24,5 %	27,6 %
50 – 59 Jahre	19,8 %	22,7 %	25,6 %	28,7 %
Über 60 Jahre	20,2 %	23,2 %	26,2 %	29,3 %

Früher, in der Schule, haben wir uns manchmal gefragt: »Was lernt uns das?« Angesichts dieser Tabelle fällt die Antwort leicht: Wichtig für eine akzeptable Figur ist nicht allein das Gewicht, sondern ebenso die ausgewogene Relation zwischen Muskeln und Körperfett.

Im Laufe der Jahre baut sich die Muskelmasse des männlichen Körpers ab

Im Laufe der Jahre – schon wieder eines dieser verflixten Naturgesetze! – baut sich die Muskelmasse im männlichen Body ab. Das liegt auch daran, dass die meisten Männer zwar als junge Burschen aktiv Sport treiben, aber später lassen Job und Familie vermutlich immer weniger Zeit dazu (von der eigenen Bequemlichkeit ganz zu schweigen), und körperlich schwere Berufe üben die Menschen hierzulande so gut wie gar nicht mehr aus, abgesehen vielleicht vom Möbelpacker oder Kohlenmann (aber wann haben Sie so einen zuletzt gesehen – vor allem: einen, der schlank war?).

Jetzt müssen Sie sich entscheiden, ob Sie »nur« abnehmen oder auch noch den Waschbrettbauch haben wollen.

Traumfigur – eigentlich ist das eine Vokabel, mit der sich Diät-geplagte Frauen das Leben schwer machen. Internationale Models und Filmschönheiten werden zu Vorbildern hochstilisiert, dabei vergessen die meisten Normal-Diäterinnen, dass diese Glamourgeschöpfe essenstechnisch oft ein trauriges Leben führen oder tagtäglich viele Stunden ausschließlich damit beschäftigt sind, sich von ihrem Personal Trainer durchs Gelände jagen zu lassen ...

Einen Waschbrettbauch kann keine Diät herbeizaubern. Eine ansehnliche Silhouette schaffen Sie aber mit Sicherheit.

Als »Höhepunkt« der männlichen Traumfigur gilt der Waschbrettbauch. Ihn hinzukriegen, ist eine abendfüllende Beschäftigung – rund ums Jahr. Am besten geben Sie den Beruf auf und widmen sich fortan nur noch Ihrem Oberkörper. Dann könnte es klappen. Vielleicht.

Diese defätistischen Bemerkungen erfolgen nicht von ungefähr, und sie erfolgen nicht zufällig an dieser Stelle des Buches.

Denn das Versprechen, Sie mithilfe einer neuen, unkomplizierten Super-satt-Power-Diät von zu vielen Pfunden zu befreien und Ihnen eine ansehnliche Silhouette zu verschaffen, beinhaltet keine Garantie auf ein Brustbild à la Sylvester Stallone.

Abnehmen, Schlanksein, Schlankbleiben – das muss reichen

Abnehmen, Schlanksein und Schlankbleiben: in der Tat null Problem – die Herstellung einer muskulös-durchgestylten Frontansicht zwischen Kinn und Badehose aber hat mit vernünftiger Ernährungsumstellung und ein paar körperlich sinnvollen Aktivitäten nicht das Geringste zu tun. Musste mal gesagt werden.

> *Das Geheimnis einer erfolgreichen Diät: es geht dem Fett an den Kragen und nicht den Muskeln.*

Eine typische Diät-Karriere sah in der Vergangenheit so aus: Man hungerte sich die Pfunde mühsamst runter, entwickelte dabei den klassischen Tunnelblick (»Noch zwei Kilo, dann ist es geschafft, dann kann ich endlich essen, worauf ich Lust hab', Hosianna!«) – nach einem Monat waren die ersten der gerade bekämpften Speckrollen retour, weitere vier Wochen später zeigte die Waage bereits wieder das alte Kampfgewicht an, und im folgenden Urlaub wog man mehr als je zuvor.

Hungern ist die falsche Methode. Man nimmt danach sofort wieder zu – automatisch

Weil dieses Auf und Ab an jenes Rolle-und-Bindfaden-Spielzeug unserer Kindheit erinnert, spricht der gewiefte Diäter vom »Jojo-Effekt«.

Fazit Nr. 1: Wer abnehmen möchte und dabei hungert, hat von vornherein verloren – nicht die Runde der ersten Pfunde, sondern den gesamten Fight. Es klang ja

schon im Kapitel über die genetisch bedingten Fettreserven der Frau an: Das Survival-Programm der menschlichen Rasse ist seit Ewigkeiten darauf gedrillt, unter allen Umständen zu überleben. Also wird Fett gehamstert auf Teufel komm' raus. Und wenn die Umstände irgendwann mal bedeuten, dass es weniger zu essen gibt – na schön, dann fährt das Survival-Programm den Verbrauch eben runter.

In mageren Zeiten kommen Sie mühelos mit weniger Kalorien aus

Fazit Nr. 2: In mageren Zeiten kommt der Mensch mühelos mit weniger Kalorien aus!

Erst jetzt (und eigentlich nur in jenem Teil der Welt, der, wie wir, im Überfluss lebt) hat Körperfülle als Ideal ausgedient. Unser Kopf weiß das, oder sagen wir besser: immer mehr Köpfe wissen das – der Bauch hat von dieser neuen Denke jedoch keinen blassen Schimmer. Für ihn läuft das Jahrmillionen alte biochemische Standard-Programm der Futter-Bevorratung nach wie vor, und man muss sich schon einiges einfallen lassen, um die eigenen Gene auszutricksen.

Die andere Seite der Medaille: Der Neandertaler in uns reagiert auf weniger Essen nicht bloß mit seinem automatischen »Notrationen«-Trick, nein, er baut auch noch vor. Gibt's nämlich irgendwann (nach Ende der Diät) wieder »normale« Portionen, verwertet unser Organismus die neuen Kalorien quasi doppelt gut – weil er nach der gemachten Magere-Zeiten-Erfahrung stutzig geworden ist und vorsichtshalber für künftige Krisenzeiten (sprich: die nächste Diät) vorsorgt. Der Effekt: alles noch schlimmer als vorher …

Der Körper ist klug: er baut für die nächste »Dürreperiode« vor …

Hinzu kommt: Bei fast allen der bisher üblichen Methoden zur Gewichtsreduktion – und das gilt besonders für das Fasten (siehe Seite 101) und die ach so beliebten Crash-Diäten – gerät unser Stoffwechsel total durcheinander.

Bei allen Crash-Diäten gerät unser Stoffwechsel total aus dem Häuschen

Was dann passiert, muss man sich so vorstellen: Bekommt der Körper spürbar weniger Nahrung geliefert, als er gewohnt ist und benötigt, greift er prompt zu seinen angesparten Energiedepots. Aber das sind dann keineswegs sofort die Milliarden Fettzellen, die wir dringend loswerden wollen, das sind zuallererst mal die Glykogen-(Kohlenhydrat-)Reserven in Leber und Muskeln! Gleichzeitig schnappt sich der Organismus Körpereiweiß, baut dadurch weiter Muskelmasse ab. Bis das Emergency-Programm anfängt, sich über das Fettgewebe herzumachen, vergeht einige Zeit, und irgendwann hat man dann zwar zehn Kilo runter – aber verliert eigentlich nur sieben Kilo Fett, der große Rest ist Muskelmasse, von der die meisten Männer sowieso zu wenig haben.

Der »Grundumsatz« des Körpers, das ist der Energieverbrauch in Ruhestellung

Damit nicht genug. Je weniger Muskelmasse, desto geringer der »Grundumsatz« des Körpers. Er drückt den Energieverbrauch in Ruhestellung aus – allein die lebensnotwendigen Funktionen werden dabei aufrechterhalten. Dieser »Grundumsatz« macht im Schnitt 60 Prozent des Energieverbrauchs aus, bei Männern mehr als bei Frauen, und steigt nur durch Zunahme von Muskelmasse z. B. infolge sportlicher Aktivitäten. Im Rahmen einer der üblichen Diäten

sinkt er um mindestens 30 Kalorien pro Tag pro Kilo Gewichtsabnahme. Sparflamme ist angesagt. Und dann wundert man sich, dass die Waage keine weiteren Erfolge mitzuteilen hat ...

Unsere Muskeln sind wie ein PS-starker Motor, der auch im Leerlauf Sprit verbraucht

Stichwort »sportliche Aktivitäten«: Das ist ein Extra-Kapitel wert (Sie finden es ab Seite 83), weil man damit den Muskel-Raubbau durchs Abnehmen verhindern, ja sogar umdrehen kann. Hier nur so viel: Fett verdünnisiert sich ja nicht einfach sang- und klanglos, es wird in der Muskulatur verbrannt. Je mehr Muskulatur Sie haben, desto mehr Fett werden Sie auf die Art los. Selbst in Ruhephasen verbrauchen unsere Muskeln Energie. Vergleichbar einem PS-starken Motor im Leerlauf: Er schluckt Sprit, auch wenn er nicht auf vollen Touren läuft.

Ein bisschen Sport ist gut. Auspowern ist unnötig

Nun haben Sie aber bitte keine Angst, dass wir Sie bei dieser Power-Diät zum sportlichen Auspowern überreden wollen. Wer Lust verspürt, 6 x wöchentlich 1 Stunde herumzusprinten, mag es tun. Unter »sportlichen Aktivitäten« verstehen wir wirklich nur Bewegung light – das machen Sie mit links, versprochen.

Wollen Sie wissen, welcher Ernährungs-Typ Sie sind?

Wie heißt es doch so schön: Vorm Gesetz sind alle Menschen gleich – aber nicht beim Kalorienverbrauch.

Vom »Energiesparer« bis zum »Zappelphilipp«: Welcher Ernährungstyp sind Sie?

Die nachfolgenden Informationen können Sie gelassen zur Kenntnis nehmen, ausgesprochen relevant dürften sie nur für jene Leser sein, die nach dem Motto: »Nun haben wir beschlossen, hinter die Geheimnisse der vernünftigen Ernährung zu kommen, ergo lassen wir keinen einzigen Aspekt aus!« in diesem Buch stöbern. Stimmt, die Infos hier runden das Gesamtbild ab, man kann z. B. der lieben Gattin mit neuem Sachverstand imponieren – die eigene Power-Diät bewältigt man allerdings genauso erfolgreich ohne. Weil die so einfach funktioniert. Eben wie von selbst.

Zurück zur »Ernährungs-Typologie«:

- Nehmen wir z. B. den Typ »Energiesparer« – bei ihm liegt der Grundumsatz von Haus aus niedriger als beim Durchschnitt. Er ist besonders gefährdet, dick zu werden.
- Ganz anders sieht's beim so genannten »Großverbraucher« aus. Seine Gene wollen, dass er zum Standby-Betrieb aller Lebensfunktionen die bis zu dreifache Kalorienzahl gemessen an anderen Menschen benötigt. Er leidet darum selten unter echten Gewichtsproblemen.
- Der Typ »Ich ruhe in mir« hat einen reduzierten Grundumsatz. Wer stundenlang still dasitzen kann, kriegt nie Ärger mit seinem Adrenalin-Haushalt, nimmt aber bei Ess-Attacken schneller zu.
- Der »Zappelphilipp« – sein Sympathicus-Nervensystem, das u. a. Herzschlag, Atmung und Muskelspannung kontrolliert, arbeitet sogar im Schlaf auf

Hochtouren – verbraucht beim Grundumsatz bis zu 800 Kalorien mehr als die nicht »spontanaktiven« Mitmenschen.

Neben diesen vier Grundtypen kennt die Wissenschaft noch Unter-Unter-Typen, aber die interessieren nun wirklich nicht. Immerhin: Man kann wohl auch altersspezifische Richtwerte für den Grundumsatz von Männern konstatieren. Danach beträgt er bei 20- bis 25-jährigen rund 3000, bei 25- bis 50-jährigen etwa 2900, bei 50- bis 65-jährigen 2500 Kalorien pro Tag.

Der »Grundumsatz« bei Männern sinkt im Laufe der Jahre von 3000 auf 2500 Kalorien pro Tag

Wenn wir nun schon mal dabei sind: ohne »PAL« taugt die ganze Rechnerei nichts

Warum? Auch der Grundumsatz ist leider nur ein Teil der Antwort auf die Frage, wie viel man essen und trinken sollte – erstens, um sein Gewicht zu halten, zweitens, um Übergewicht loszuwerden.

Denn zum Grundumsatz kommt der so genannte »Arbeitsumsatz« hinzu, also all das, was man für seine körperlichen Betätigungen an Energie benötigt. Erst bei der Addition beider Faktoren – das Ergebnis nennt sich Gesamtumsatz – schlägt so etwas wie die Stunde der Wahrheit.

Der »Arbeitsumsatz«: all das, was man bei körperlicher Betätigung an Energie verbraucht

Überrascht es Sie, dass die Ernährungswissenschaft für die Berechnung des Arbeitsumsatzes ein fein aus-

geklügeltes System hat? Nicht wirklich, oder? Es hört auf das Kürzel PAL (Physical Activity Level) und meint eigentlich nichts anderes als die Berücksichtigung von Jahrgang, Größe, Gewicht, Veranlagung, Beruf, Freizeitverhalten etc.

Wir werden Sie nicht mit den PAL-internen Details langweilen, nur so viel: Je nach körperlich relevanten Eigenheiten und Aktivitäten kommt der Mann als solcher auf einen unterschiedlich hohen PAL-Wert. Er beträgt:

1,2 — bei vorzugsweise sitzender oder liegender Lebensweise (oder haben Sie gerade ein Gipsbein?)

Haben Sie gerade ein Gipsbein oder sind Sie Vater besonders lebhafter Kinder?

1,4 – 1,5 — bei nur sitzender Tätigkeit und so gut wie keiner »überflüssigen« Bewegungsaktivität (Bürojob, selbst ein Spaziergang ist Ihnen zu viel?)

1,6 – 1,7 — bei sitzender und Bewegungs-Tätigkeit plus gelegentlichem Mehraufwand etwa in Sachen leichtem Sport (ab und zu mal raus, ist doch herrlich)

1,8 – 1,9 — bei vor allem gehender, stehender Beschäftigung und objektiv intensiverem Bewegungsdrang (Beispiel: Handwerker, Vater mit lebhaften Kindern)

2,0 – 2,4 bei körperlich harter beruflicher Arbeit und absoluter Leistungssportbereitschaft (Fitnesstrainer, Fahrradkurier – Landwirt?)

Wenn Sie Lust haben, dürfen Sie jetzt anfangen zu rechnen. Sie müssen aber nicht …

Und nun wird es fast doch noch ein bisschen spannend. Auch wenn diese Kurz-Beschreibungen relativ unpräzise sind, lässt sich mit ihnen ein bisschen was anfangen. Sie müssen nämlich lediglich Ihren Grundumsatz-Richtwert mit dem für Sie am ehesten infrage kommenden PAL-Wert multiplizieren, um zu erfahren, was Sie in etwa pro Tag an Kalorien verbrauchen – für die Anhänger der üblichen Diäten mit ihren Rezepten und den dazugehörenden Kalorienangaben wird dann z. B. deutlich, wie viel Sie maximal essen dürfen, um insgesamt drunter zu liegen und abzunehmen.

… und die Kalorientabellen können Sie auch links liegen lassen

Klingt kompliziert? Nun, manche Leute kaufen sich ja sogar umfangreiche Tabellenwerke, in denen praktisch alle Speisen und Getränke mit ihren einzelnen Kalorienangaben pro 100 Gramm aufgelistet sind. Danach richten sie dann ihre Ernährung aus.

Ganz ehrlich: Wir finden diese mühsame Rechnerei eher nervtötend und integrieren die ganze Grund-, Arbeits- und Gesamtumsatz-Vorstellung, wie betont, nur deshalb in dieses Buch, damit Ihnen alle, wirklich alle Fakten zur Verfügung stehen.

Eine Botschaft allerdings wollen wir Ihnen dabei nicht unterschlagen: Die nach Aktivitäten steigenden Werte

Kein Mensch muss Marathon laufen, um abzunehmen, Herr Fischer!

signalisieren unmissverständlich, wie günstig Bewegung und Mobilität den Kalorienverbrauch beeinflussen. Man könnte auch sagen: Je mehr Sport Sie treiben, desto mehr können Sie futtern. Trotzdem kein Verlangen nach Mega-Mühsal à la Joschka Fischer? In Ordnung. Dass gesundes Abnehmen im 21. Jahrhundert viel, viel undramatischer vonstatten gehen kann, haben wir ja schon mehrfach versprochen – wie es klappt, erfahren Sie bei strammem Weiterlesen in gut zehn Minuten.

Bis dahin müssen wir aber noch über die drei Grundbausteine jeder vernünftigen Ernährung sprechen, damit Sie bei der Vorstellung des »Super-satt-Phänomens« und sämtlicher flankierender Maßnahmen gleich richtig im Thema sind und theoretisch sofort loslegen könnten (wobei wir trotzdem empfehlen würden, dann doch erst das Diät-Diary ab Seite 89 zu lesen – Sie werden schnell merken, warum ...).

Fett, Eiweiß und Kohlenhydrate – der Mix macht's.

Das Geheimnis, wie unser Körper als Ganzes funktioniert

Das Bild vom Motor, der auch im Leerlauf Sprit schluckt, hatten wir schon bemüht, als es um den Grundumsatz ging. Der Automotor muss nun noch einmal herhalten, um im Schnelldurchlauf zu begreifen, wie unser Körper als Ganzes funktioniert.

Allein darüber könnte man ein ganzes Buch schreiben.

Ihrer kleinen Tochter würden Sie die Sache vielleicht so erklären: Da wir nicht von Luft und Liebe leben, brauchen wir Nahrung. So wie der 6-Zylinder unter der Motorhaube Benzin braucht. Der Saft aus der Zapfsäule besteht aus diversen Zutaten – unsere Nahrung ebenfalls: vor allem aus Eiweiß, Kohlenhydraten und Fett. Dieser Mix wird bei der Verdauung quasi verbrannt, es entsteht Wärme, also Energie, die man in Kalorien misst (»Nein, Liebes, Pferdestärken sind was anderes.«).

Der Nährstoff-Mix wird bei der Verdauung verbrannt – es entsteht Wärme, sprich: Energie

Wenn wir uns halbwegs ordentlich ernähren, bescheren wir unserem Organismus mit den Lebensmitteln auch jede Menge Vitamine, Mineralstoffe, Spurenelemente, Wasser u. a. Die spenden zwar keine Energie, »schmieren« aber den Motor, sorgen für eine saubere, rückstandslose Verbrennung. Das Ganze läuft unter der Überschrift »Stoffwechsel«. Regie führen dabei unsere Hormone, Enzyme helfen ihnen, denn neben der Verdauung, der Umwechslung von Nährstoffen in winzige »Transporteinheiten«, die fix über das Blut zu den Zellen geschafft werden, ist der Stoffwechsel auch für alle möglichen Reparaturarbeiten am Body zuständig, kümmert sich um die Abfallbeseitigung, schiebt den Aufbau neuer Zellen an. Und und und.

Eiweiß und Kohlenhydrate liefern je vier Kalorien pro Gramm. Fett mehr als das Doppelte …

Eiweiß und Kohlenhydrate liefern vier Kalorien pro Gramm, Fett schlägt mehr als doppelt zu: satte neun. Deshalb ist die Zusammensetzung unserer Nahrung so wichtig. Lassen Sie uns als Grundregel schon mal vorab festhalten: Am besten sollte man mit seinen

Mahlzeiten nicht zu viel Eiweiß zu sich nehmen, über die Hälfte der Energie aus Kohlenhydraten bestreiten, und beim Fett versuchen, nicht über die 25 Prozent-Hürde zu klettern, d. h. maximal 30 bis 50 Gramm, sonst wird's ärgerlich.
Die wichtigsten Infos im Schnelldurchlauf:

Eiweiß bitte vor allem aus pflanzlichen Quellen.

Zehn bis 15 Prozent unserer Energie sollten aus Eiweiß bestehen. Am besten: Getreide, Soja, Hülsenfrüchte

Wir brauchen etwa zehn bis 15 Prozent an Eiweiß bei unserer Energiezufuhr – das heißt: eigentlich ist nicht das Eiweiß selbst, sondern jeder seiner Bausteine, die Aminosäuren, wichtig, wobei man zwischen tierischem und pflanzlichem Eiweiß unterscheidet: Fleisch, Fisch, Ei, Milch bzw. Milchprodukte liefern tierische Proteine, die unser Organismus einfacher verwerten kann als pflanzliche Aminosäuren (etwa aus Getreide, Soja, Hülsenfrüchten); trotzdem sollte die tägliche Eiweißzufuhr am besten zu zwei Drittel aus der pflanzlichen Variante bestehen – raten Sie mal, ob das bei unserem Power-Diät-Fahrplan (ab Seite 55) der Fall ist.
Antwort: selbstverständlich.

»Leere« Kohlenhydrate machen dick.

Auch die Kohlenhydrate gehören zum Basismaterial unseres Zellenaufbaues, sorgen für schnelle Energie, aber auch sie sind nicht ganz ohne. Viele Kohlenhydrate, die wir täglich konsumieren, stammen dummerweise aus Zucker, Süßigkeiten, Limonade und dergleichen, bescheren uns »leere« Kalorien, und was machen die? Genau: die machen dick.

Zucker, Limonade, Süßigkeiten – lecker, aber echte Dickmacher ...

Die guten Kohlenhydrate stecken dagegen in Getreide, Kartoffeln, Reis, Vollkornbrot, ebenso in Obst und Gemüse, sie bringen ordentlich Ballaststoffe mit und werden vom Organismus deswegen auch schön langsam verdaut, führen so also zu einem stetigen, gleichmäßigen Energiestrom.

Heißhunger-Anfälle sind da nicht eingeplant. Ist Ihnen in der Vergangenheit aber öfter passiert? Geben Sie zu: Sie haben Kuchen oder Schokolade verschlungen. Das löst einen raschen Blutzuckeranstieg und damit einen heftigen Insulinschub aus. Die danach unvermeidbare Unterzuckerung sorgt automatisch für neuen Hunger!

... und prompt gibt's einen Insulinschub, der anschließend für neuen Heißhunger sorgt

Manchmal ist Fett sogar nett ...

Der dritte Partner im Ernährungs-Mix hat eine schlechte Presse: »Fett macht fett.« Leider wahr. Es begegnet uns – als so genannte gesättigte Fettsäuren – in Butter, Speck, Mayonnaise, Wurstwaren usw., harrt bei der Verdauung am längsten im Magen aus, will am liebsten ewig bei uns bleiben (wie gesagt: als Reserve für schlechte Zeiten). Aber Fett sorgt auch für einen besseren Geschmack, transportiert wichtige Vitamine durch die Darmwand ins Blut. Außerdem ist Fett nicht gleich Fett. Es gibt auch »nettes« Fett: die mehrfach ungesättigten – »essenziellen« – Fettsäuren stammen z. B. aus pflanzlichen Fetten wie Soja-Öl, ebenso jedoch aus Seefischen wie Lachs, Hering, Makrele, und sind für die Körperfunktionen unverzichtbar.

»Nettes« Fett stammt z. B. aus Soja-Öl und Seefisch

Wenn Sie es schaffen, zehn Prozent Ihrer Gesamtfettmenge »essenziell« zu bestreiten: prima. Die meisten Männer essen bisher täglich fast 140 Gramm Fett, durchweg von der verkehrten Sorte. Etwa 80 Gramm würden im Rahmen einer Ernährungsumstellung reichen, um das Gewicht zu halten. Jedes Gramm zu viel steuert zielstrebig Richtung Bauch und Hüften. 30 bis 50 Gramm setzen den Abspeck-Prozess aber effektiv in Gang.

Die meisten Männer essen täglich bis zu 140 Gramm Fett – durchweg von der falschen Sorte

Zucker: Jeder von uns nascht täglich 70 Gramm davon.

Eigentlich darf man seinen 24-Stunden-Energiebedarf höchstens zu zehn Prozent aus Süßigkeiten & Co. bestreiten, doch schauen Sie sich um: überall werden diese Knusperriegel gekaut, 100 verschiedene Schoko-

ladensorten füllen ganze Supermarktregale. Zwischendurch mal eine kleine zuckerige Auszeit tut den gestressten Nerven gut, aber sonst: Finger weg, wenn's um die Figur geht. Süßstoff im Tee oder Kaffee bringt übrigens spürbare Entlastung – 1 Gramm Zucker entspricht 4 Kalorien, Süßstoff = 0.

Noch ein Wort zu den Ballaststoffen ...

Ein Begriff, der unangenehm klingt. Aber die Ballaststoffe brauchen wir wirklich ganz dringend!

Wir haben sie bereits in der Kurzbeschreibung der Kohlenhydrate angesprochen. Der Begriff klingt eigentlich so, dass man möglichst schnell weiterblättern möchte; wer will seinem Körper schon freiwillig Ballast zumuten? Aber da täten wir den Ballaststoffen fürchterlich unrecht: wir brauchen sie dringend.

Gemeint sind die unverdaulichen Bestandteile pflanzlicher Nahrungsmittel. Sie haben keine Kalorien, schenken uns – ideale Helfershelfer bei einer Diät! – das angenehme Gefühl von Sättigung, und außerdem sorgen sie für eine gesunde Darmflora, beflügeln die Verdauung, indem sie Schad- und Fäulnisstoffe Richtung Ausgang transportieren.

Für diesen Job benötigen die Ballaststoffe zum Aufquellen viel Flüssigkeit. Darum sollten wir immer ordentlich trinken – im »normalen« Leben, erst recht beim Abnehmen, sonst handelt man sich unweigerlich eine Verstopfung ein. Welche Getränke (und wie viel) wir empfehlen und welche Lebensmittel besonders ballaststoffreich sind, steht alles in Teil 2 dieses Ratgebers.

ZWEITER TEIL

Das Phänomen

Endlich schlank werden mit dem »Supersatt-Phänomen« – eigentlich müssen Sie sich dafür nur an unsere JA- und NEIN-Liste ab Seite 69 halten.

Was Sie *nicht* müssen: irgendwelche Rezepte nachkochen und ständig Kalorien zählen.

Stattdessen erfahren Sie, wie die neue »Mengenlehre« funktioniert, was sich hinter dem Begriff »Energiedichte« verbirgt, warum Suppen als Schlankmacher unschlagbar sind, welche Zauberwirkung die nahezu unbekannten MCT-Fette haben und wieso Sie sich – wetten, dass? – ab sofort freiwillig ein bisschen mehr bewegen werden.

Das 4-Punkte-Programm zum Abnehmen, mit dem Sie ein anderer Mensch werden – nicht nur optisch.

Reden wir nicht lange um den heißen Brei herum – die hier propagierte neue Art des Abnehmens funktioniert absolut easy.

Auf einen ersten kurzen Nenner gebracht, geht es um diese vier Punkte:

Richtig schön große Portionen zum Sattessen

Punkt 1: Ab sofort denken Sie beim Stichwort Diät nicht mehr an das einsame trockene Brötchen auf dem ansonsten gähnend leeren Teller, sondern freuen sich auf richtig schöne große Portionen, um sich richtig schön satt zu essen.

Punkt 2: Sie wählen dabei vorzugsweise Lebensmittel aus, die eine Menge Volumen, aber nur eine niedrige Energiedichte aufweisen.

Fett, das schlank macht? Ja, das gibt es wirklich!

Punkt 3: Dort, wo's möglich ist, benutzen Sie statt Fett, das fett macht, Fett, das schlank macht – gibt's nämlich längst, wenn auch vorerst nur im Reformhaus.

Und, last but not least, *Punkt 4*: Sie entdecken das Prinzip der erholsamen Bewegung. Dazu muss sich niemand großartig zwingen – Ihr Körper kriegt nach den ersten Minus-Pfunden ganz von selbst Lust darauf.

Das ist alles.

Das ist alles?

Das »Super-satt-Phänomen« – ein Diät-Mix der Extra-Klasse

Das ist das »Super-satt-Phänomen«, von dem in diesem Buch schon mehrfach die Rede war – Ergebnis verschiedenster Versuchsreihen weltweit. Essvolumen-Tests in den USA, Sättigungs-Studien in Australien, Fettsäuren-Analysen in Europa, die miteinander zunächst gar nichts zu tun zu haben schienen, ergeben jetzt im Zusammenspiel plötzlich einen Diät-Mix der Extra-Klasse!
Das Erfolgsgeheimnis? Die frustfreie Einfachheit der Anwendung und die frohe Botschaft vom automatischen Erfolg.

In der Schule ist sie abgeschafft.
Beim Essen ist sie angesagt: die Mengenlehre.

Pro Tag isst fast jeder Mensch, um satt zu werden, immer etwa die gleiche Menge

Seit über 20 Jahren untersucht die US-Wissenschaftlerin Dr. Barbara J. Rolls an der Pennsylvania State University das (Un-)Verhältnis zwischen Hunger und Sättigung. In zahlreichen Versuchsreihen mit Dünnen und Dicken – von letzteren gibt es drüben noch viel mehr als bei uns – stieß sie auf eine verblüffende Tatsache: Pro Tag isst fast jeder Mensch, um satt zu werden, in etwa die gleiche Menge an Lebensmitteln. Egal, wie sie zusammengesetzt sind. Kalorienmäßig kann diese Standard-Menge allerdings ganz unterschiedlich ausfallen.

Fällt sie moderat aus, bleibt der Mensch bei seinem Gewicht. Fällt sie hemmungslos aus, nimmt der Mensch zu. Fällt sie clever aus, nimmt der Mensch ab. Satt ist satt. Und damit basta.

Wirklich wahr: Satt ist satt. Und damit basta

Entscheidend ist also, was wir auf den Teller tun. Big Mac mit Pommes Mayo. Oder einen Riesensalat aus knackigen Tomaten, Gurken, Brokkoli, Radicchio. Satt macht beides – der Kalorienunterschied aber ist immens: kaum vorstellbare 1000 Kalorien.

Schlechtes Beispiel?

Okay, das Prinzip wird auch bei einem ganz simplen Vergleich klar: Stellen Sie sich eine schöne pralle Weintraube vor, frisch gepflückt, man möchte gleich anfangen, Beere für Beere in den Mund zu stecken. 100 Gramm davon haben rund 70 Kalorien. Und nun nehmen Sie eine Hand voll Rosinen. Die geschrumpften Ex-Weintrauben sehen dagegen ziemlich kümmerlich aus. Und wissen Sie, wie viel Kalorien 100 Gramm von diesen Rosinen zusammenbringen? 270 – fast das Vierfache.

Im Übrigen: Auf dem Teller würden sich die unansehnlichen braunen Dinger ziemlich vereinsamt vorkommen.

Ein Schoko-Muffin wiegt 50 Gramm und hat über 200 Kalorien. Dafür können Sie auch eine große Tasse Gemüsesuppe plus Brötchen essen

Oder holen Sie sich einen Schoko-Muffin. Einen kleinen. Der wiegt 50 Gramm, hat über 200 Kalorien und keine Chance, auf unserem Teller Staat zu machen. Stattdessen könnten Sie ohne weiteres eine große Tasse Gemüsesuppe samt Vollkornbrötchen genießen – bei gleicher Kalorienzahl ...

Ein voller Teller verspricht einen vollen Magen – und schwupp sind alle Bereiche des Körpers happy.

Es steht zu befürchten, dass Sie uns nach wie vor kein Wort glauben. Aber Sie sind ja sicher fantasiebegabt. Stellen Sie sich darum bitte mal kurz vor, wie sämtliche an einer Mahlzeit beteiligten Regionen Ihres Körpers bei Tisch auf folgende Situation reagieren:

Ein gut gefüllter Teller erzeugt Zufriedenheit. Bei den Augen genauso wie beim Magen ...

Sie sitzen vor einem vollen Teller und wissen genau – alles meins! Ihre Augen registrieren die Fülle, melden dem Gehirn: Hey, guck dir das an, hier ist nicht Schmalhans Küchenmeister, hier kommt niemand zu kurz! Und das Gehirn nimmt zu Protokoll: Na wunderbar, kein Grund, die Alarm-Abteilung »Notstand« aufzuscheuchen. Und die Geruchssensoren in der Nase und die Geschmacksknospen im Mund sind ebenfalls zufrieden. Beim Stichwort »Diät« hatten sie schon mit dem Schlimmsten gerechnet, hatten eine Mini-Portion erwartet, die peinlich wenig Duftstoffe freisetzt und den langjährig geschulten Gaumen arbeitslos macht.

Vergessen wir bei diesem Szenario aber auch den Magen nicht! Micker-Mengen sind ihm ein Gräuel, seine Dehnungsrezeptoren, die ein intimes Verhältnis zum Hirn pflegen, bestehen weiterhin gefälligst auf Vollbeschäftigung. Nur ein gut gefüllter Teller erzeugt bei ihnen Zufriedenheit und garantiert, dass die rhyth-

mischen Kontraktionen des Magens, mit denen die Mahlzeit in ihre diversen Bestandteile zerlegt wird, weiterhin ungebremst stattfinden können – dieser Rhythmus, bei dem jeder Krümel mit muss, trägt schließlich zum wohligen Gefühl der Sättigung bei.

Erst wenn alle wichtigen Körperabteilungen Entwarnung kriegen, schaltet sich das Alarmsystem »Hunger« aus

Und was ist mit der Leber, der Bauchspeicheldrüse, den Därmen? Auch die wollen auf ihre Kosten kommen. Erst wenn genügend Futter durch den Verdauungstrakt geschleust wird, machen sich all jene Botenstoffe auf den Weg Richtung Hirn, die dort oben das Alarmsystem »Hunger« für längere Zeit neutralisieren.

Diese kleine Führung durch unser Innerstes enttarnt auf einen Schlag die Schwäche der meisten Diäten, bei denen in erster Linie Enthaltsamkeit und eiserne Disziplin vonnöten sind. Konsequent weniger essen – klingt gut, nagelt den Körper aber an den Marterpfahl. Das ganze Stoffwechselsystem gerät aus den Fugen, und die Folgen haben wir ja schon im ersten Teil hinreichend beschrieben.

Die Amerikaner sagen: »Think big«. Und meinen auch beim Essen: die Menge macht's

Volumen also. Menge. Die Amerikaner, denen wir diese Erkenntnis verdanken, beschreiben das mit der Forderung: »Think big.«

Denke im Großen.

Aber wie wir unter Punkt 2 der Grundregeln dieser Power-Diät gleich gesagt haben, setzt das *große* Volumen auf dem Teller eine *niedrige* Energiedichte der Sachen voraus, die man sich da zu Munde führt. Womit die Frage fällig wird:

Was bedeutet dieses großspurige Wort von der »niedrigen Energiedichte«?

Nichts anderes als: wenig Kalorien pro Portion.

Dr. Rolls und ihre Kollegen von der Pennsylvania-State-Universität kennen vier Abstufungen:

Tomaten und Salat oder gekochter Brokkoli sind das leichteste Gemüse

- Die geringste Energiedichte liefern zum Beispiel Tomaten, Salat, Honigmelone, gekochter Brokkoli oder magere Hühnersuppe.
- Eine reduzierte Energiedichte bieten etwa Tofu, Thunfisch im eigenen Saft, gebackene Kartoffeln in der Schale, gekochter Reis oder Putenschnitzel.
- Mittlere Energiedichte wird Vollkornbrot, fettarmem Schinken, hart gekochten Eiern, Emmentaler und, man höre und staune, Popcorn zugeordnet.
- Hohe Energiedichte (da machen wir gleich mal einen großen Bogen drumherum) liefern Schokoriegel, Butter, Erdnüsse, Chips, Mayonnaise, Torten, Kekse & Co.

Je mehr Wasser, Faser- und Ballaststoffe plus Luft im Lebensmittel stecken, desto geringer seine Energiedichte

Man braucht gar nicht lange nachzudenken, um diese grobe Kategorisierung logisch zu finden. Je mehr Wasser, Faser- bzw. Ballaststoffe und Luft in einem Lebensmittel stecken, desto geringer seine Energiedichte. Man kann es nicht oft genug wiederholen: Ein Pfund Tomaten wiegt zwar genauso viel wie ein Pfund Kartoffelchips, aber die Energiedichte – also die Kalo-

rienzahl – differiert enorm. Und das Wunderbare an der Sache ist, dass volumige Gerichte mit ihrem hohen Wasser-, Ballaststoff- und Luftanteil den Hunger besser und nachhaltiger stillen als mengenmäßig eingedampfte Nahrung.
Klingt zu schön, um wahr zu sein?
Warten Sie's ab, es geht ja noch weiter.

Volumenreiche Gerichte stillen den Hunger besser als mengenmäßig eingedampfte Nahrung

Energiedichte & Sättigungsfaktor sind wie Bruder & Schwester – allerdings wussten sie bis vor kurzem noch nichts voneinander ...

Angenommen, jemand stünde vor der Wahl, drei Pfund Kekse zu verputzen oder drei Pfund Quarkspeise mit Obst. Zugegeben, eine etwas theoretische Angelegenheit. Dieser Jemand legt also los mit den Keksen, verspürt jedoch mittendrin plötzlich Appetit auf zwei Äpfel. Diese Zwischenmahlzeit macht ungefähr ein halbes Pfund aus. Was passiert danach? Unser Kandidat isst hinterher automatisch ein halbes Pfund weniger Kekse – und hat in seiner Tagesbilanz insgesamt fast 1000 Kalorien eingespart!
Das Satt-ist-satt-Prinzip wird genauso in gänzlich undramatischen Fällen deutlich. Bestellen Sie sich beim Italiener einen Käse-Nudel-Salat – der hat gut und gern 450 Kalorien. Sie können dem Ober aber auch sagen: »Bitte nur die halbe Menge Nudeln mit Käse,

Käse-Nudel-Salat = 450 Kalorien. Weniger Nudeln mit Käse, dafür mehr Gemüse = 150 Kalorien runter!

dafür hätt' ich gern viel Gemüse dabei.« Sieht nach einer größeren Portion aus, trotzdem essen Sie kein bisschen mehr, sind bei real gleicher Menge ebenso angenehm satt – und haben mindestens 150 Kalorien weniger auf dem Tageskonto.

Vielleicht sollten wir an dieser Stelle die US-amerikanisch erforschte Energiedichte mal kurz im Hinterkopf parken und einen Blick auf den in Australien kreierten Sättigungsfaktor werfen. Energiedichte und Sättigungsfaktor haben offiziell nichts miteinander zu tun. Unterm Strich aber haben sie was von Bruder & Schwester.

Der menschliche Magen ist am längsten befriedigt, wenn er leichtgewichtige Speisen serviert bekommt

Denn der Sättigungsfaktor besagt: Es sind nicht etwa die fettesten Kalorienbomben, die den menschlichen Magen am längsten befriedigen, sondern die Leichtgewichte unter den Speisen.

Kommt einem nach der Lektüre der vorangegangenen Seiten irgendwie bekannt vor, oder?

Die Ernährungswissenschaftler in Down Under hatten 40 Versuchspersonen (ohne dass die wussten, worum's ging) jeweils 240-Kalorien-Portionen von 38 verschiedenen Lebensmitteln kredenzen lassen. Zwei Stunden später bat man sie an ein üppiges Büfett, sie durften wählen, wonach ihnen der Sinn stand. Das Ergebnis: Einige der Versuchspersonen stürzten sich wie ausgehungert auf die dargebotenen Speisen, andere hatten nur mäßigen oder gar keinen Appetit. Die Erklärung: Entscheidend war, welche der 38 Lebensmittel die Probanden vorher konsumiert hatten.

Waren es zum Beispiel Pommes frites oder gekochte Kartoffeln? Eine 240-Kalorien-Portion Pommes hat einen sehr mäßigen Sättigungsfaktor, wiegt nur 100 Gramm und führt zu früh einsetzendem neuen Hunger – wer stattdessen 240 Kalorien an gekochten Kartoffeln zu sich nimmt, kann über 3,5 Pfund davon verspeisen und bleibt und bleibt satt.

Croissants haben einen ganz miesen Sättigungsfaktor. Bei gekochten Kartoffeln ist es umgekehrt

Hier die Dinge mit ausgesprochen miesem Sättigungsfaktor: Croissants, Rührkuchen (z. B. Marmor-, Sand- oder Zitronenkuchen), Krapfen, Berliner, Donuts, Erdnüsse u. Ä.

Im Unterschied dazu die erstklassigen Satt-und-schlank-Macher: Neben den bereits erwähnten gekochten Kartoffeln etwa helle und magere Fischsorten wie Kabeljau oder Forelle, Haferbrei (Porridge), Äpfel, Vollkornnudeln, Rindersteak, Baked Beans und Weintrauben.

Erstklassige Satt- und Schlankmacher: gebackene Bohnen

Ansonsten wollen wir ruhig schon mal an dieser Stelle den verehrten Ernährungsforschern in Amerika und ihren Kollegen in Australien zurufen: Reichen Sie sich die Hände, Ihre Arbeiten bestätigen sich gegenseitig, und wir sind die dankbaren Nutznießer Ihres gemeinnützigen Tuns!

Dann ist da noch der »Glykämische Index«. Versprochen: das ist eines der letzten Rätsel in diesem Buch ...

Der hochtrabende Fachbegriff »Glykämischer Index« (Glyx) hat nichts mit dem »Body-Mass-Index« von Seite 28 zu tun. Der sagt, *wie viel* Sie am besten wiegen sollten. Der »Glykämische Index« sagt, was Sie am besten *nicht* so oft essen sollten, und darum müssen Sie ihn jetzt mal eben – im direkten Zusammenhang mit der Energiedichte und dem Sättigungsfaktor – zur Kenntnis nehmen.

Der Glyx sagt, was Sie möglichst nicht so oft essen sollten

Hinter der Experten-Vokabel verbirgt sich ein weiterer Beweis für die Tatsache, dass es Lebensmittel gibt, die der Linie mehr schaden als gut tun. Trotzdem haben sie eine Funktion – sie liefern den schnellen Kick bei Heißhunger, in dem sie unseren Blutzuckerspiegel hochjagen.

Das ist an sich nichts Verwerfliches. Alles, was wir essen, beeinflusst diesen Spiegel und damit unsere Leistungsfähigkeit in ganz unterschiedlicher Weise. Weißbrot mit Marmelade zum Frühstück etwa pusht ihn nach oben, prompt wird das Hormon Insulin vermehrt ausgeschüttet – schnell verfügbare Power.

Insulin stimuliert unser Hungerzentrum und schickt den Blutzuckerspiegel in den Keller

Ärgerlicherweise hat der Vorgang Nebenwirkungen. Das Insulin stimuliert nicht bloß unser Hungerzentrum, es erleichtert klammheimlich die Verwandlung der mit dem Marmeladen-Weißbrot aufgenommenen Kalorien in Körperfett! Damit nicht genug: Zu allem Überfluss schickt eine zu große Insulin-Dosis den Blutzuckerspiegel auch noch anschließend in den Keller. Jeder von uns kennt das Folgegefühl: Reizbarkeit, Schlappheit – und schon wieder Riesenappetit.

Man kann sich regelrecht hungrig essen!
Wollen Sie wissen, welche Nahrungsmittel laut glykämischem Index die größten »Übeltäter« sind? Auf den vordersten Plätzen drängeln sich Sachen wie Traubenzucker, Honig, Haushaltszucker, Weißbrot, Rosinen, Mischbrot, Cornflakes, Bananen, Cracker, gezuckertes Müsli, Kekse und komischerweise auch Karotten. Beschließen wir auf der Stelle: Das Zeugs streichen wir für absehbare Zeit vom wöchentlichen Einkaufszettel.

Die größten Glyx-»Übeltäter«: Traubenzucker, Honig und Weißbrot

Vom glykämischen Index gibt es natürlich auch eine Positiv-Liste. Dort treffen wir – welch Zufall! – fast alle Lebensmittel wieder, die auch in Sachen Volumen und Sättigungsfaktor große Klasse sind. Der Bogen reicht von Orangensaft und Joghurt über Vollkornbrot bis Gemüse – allesamt Energiebringer, deren Wirkung lange vorhält.

Die liebsten Glyx-Produkte: Orangensaft, Joghurt und Vollkornbrot

Und die schlank machen ...
Wenn wir ab Seite 69 die große JA- und NEIN-Speisekarte für diese Diät vorstellen, werden also auch die guten Glykämiker selbstverständlich dabei sein.

Warum Suppen super Schlankmacher sind. Und wieso Flüssigkeit generell 3 Diät-Sterne verdient hat.

Stimmt, langsam wird es Zeit für Abnehm-Mahlzeiten, die besonders gesund sind und zugleich toll wirken

und die sich Männer schon immer gern auftischen ließen.

Suppen.

Außerdem trägt unsere Diät ja sowieso die Parole »Wasser marsch!« wie ein Banner vor sich her. Der Nutzen von mehr Flüssigkeit gilt prinzipiell für jedes Gericht. Überall dort, wo z. B. mit Brühe, Obst, Gemüse oder einem anderen wasserhaltigen Produkt angereichert wird, sinkt der Kaloriengehalt der Portion beträchtlich. Er sinkt sogar noch spürbarer, als wenn man lediglich an Fett spart.

Wo Brühe, Obst und Gemüse mit im Spiel sind, sinkt der Kaloriengehalt einer Portion erheblich

Und wo lässt sich das besonders einfach handhaben? Eben: bei Suppen.

Der Vorteil besteht nicht nur darin, dass ihre Zutaten stets durch hohen Flüssigkeitsgehalt ergänzt werden (der Schlankeffekt ist übrigens größer, als wenn Sie – wie seit Generationen empfohlen – vorm Essen ein Glas Wasser trinken: es macht nur eine kurze Stippvisite im Magen). Als Bestandteil der Suppe kommt Wasser ungleich energiegeladener daher. Weil sämtliche Zutaten in einem Topf kochen, bleiben nämlich alle wichtigen Nährstoffe, vor allem kräftigende Mineralstoffe wie Kalzium, Kalium und Magnesium, in der Gesamtflüssigkeit gelöst und erhalten. So zählen Suppen zu den fettärmsten Gerichten überhaupt, sättigen prächtig – ein wenig liegt's wohl auch am langsamen Löffeln.

Ideal sind klare Suppen wie z. B. Minestrone

Ideal sind klare Suppen mit viel Gemüse. Also Minestrone, magere Hühner- und Rinderbrühe, Tomaten-,

Kürbis- oder beispielsweise auch Rote-Bete-Suppe. Cremige Suppen - ob nun Gulasch, Pilzrahm oder Ähnliches – haben dagegen eine eher höhere Energiedichte, selbst dann, wenn man statt Crème fraîche etwa Magermilch verwendet. Das gilt ebenso für cremig-pürierte Gemüsesuppen.

Gegen frische Kräuter als Suppenverfeinerer ist nichts zu sagen. Die tragen null Kalorien im Gepäck.

Frische Kräuter sind fabelhaft. Sie verfeinern den Geschmack und haben null Kalorien

Und wer es mit dem Abnehmen ganz, ganz eng sieht, kann zu Hause ja noch folgenden Trick etwa bei der Hühnerbrühe anwenden: Kalt stellen und dann das fest gewordene Fett obendrauf ablöffeln. Schlankesser, die gern mal Fertigsuppen aus der Dose erhitzen (es gibt diverse Thai- und China-Suppen im Supermarkt), machen's genauso. Der Geschmack leidet kaum darunter.

Die JA- und NEIN-Liste:
Wenn Sie sich daran halten, können Sie ab sofort den ganzen Kalorien-Stress vergessen.

Nur noch mal zur Erinnerung: Wir haben von Anfang an versprochen, dass diese Diät ohne die sonst übliche Kalorien-Zählerei auskommt. Trotzdem tauchte dieses Un-Wort auf den letzten Seiten hin und wieder auf. Aber eben nur dort, wo man anhand von Kalorien-Vergleichen – irgendeine allgemein verständliche Be-

rechnungsbasis ist halt notwendig – bestimmte Zusammenhänge besser erläutern kann.

Ab sofort spielen die ganzen Kalorienwerte wirklich keine Rolle mehr – versprochen

Bei den nun folgenden Ess-Empfehlungen spielen die genauen Kalorienwerte wirklich keine Rolle! Wäre ja auch noch schöner: Wenn's denn stimmt, dass man im Prinzip immer gleich viel isst – satt ist satt! –, dann gilt das auch für diese Diät. So, wie es Ihr persönlicher Stoffwechsel für angemessen hält, egal, ob Sie jung oder älter, körperlich hochaktiv oder sportiv eher verhalten sind. Dann können wir nun nicht plötzlich die Kalorien-Keule schwingen und jeden Bissen nachrechnen! Es bleibt dabei: Entscheidend ist nicht, *wie viel* Sie essen, sondern einzig und allein, *was* Sie essen (bzw. was Sie besser meiden).

»Hit« und »Shit«: ganz einfach zu merken

Die JA- und damit »Hit«-Liste bedeutet: Viel Volumen, hoher Flüssigkeitsanteil, lang anhaltender Sättigungseffekt, niedrige Energiedichte. Dazu jeweils die NEIN- und damit »Shit«-Liste: wenig Volumen, geringer Flüssigkeitsanteil, kurzer Sättigungs-Kick, hohe Energiedichte.

Hier also die Zusammenfassung, die Sie sich notfalls rauskopieren und in der ersten Zeit immer bei sich tragen können:

BROT, KARTOFFELN, NUDELN & CO.

JA: Volles Korn statt weißem Mehl, darum Vollkornbrot oder -brötchen, ballaststoffreiche Hafer- bzw. Frühstücksflocken, Vollkornreis und Vollkornnudeln. Super: gekochte Kartof-

feln, Pellkartoffeln (voller Vitamine und Ballaststoffe).

NEIN: Weißbrot, Mischbrot, Toast, Croissants, Cornflakes, Bratkartoffeln, Cracker, Kartoffelchips, Pommes frites.

OBST UND GEMÜSE

JA: Fast alle Sorten, von der Tomate bis zum Apfel, von der Orange bis zur Weintraube, vom Brokkoli bis zu Sellerie oder Gurke – hier gibt es kaum Ausnahmen. Auch Bohnen, Tiefkühl-Erbsen, Mais o. Ä. Im Idealfall überall dazugeben: in die Nudeln, den Salat, aufs Brot. Neben ihrem hohen Volumen- und Flüssigkeitsanteil bieten Obst und Gemüse Vitamine zuhauf. Auch in punkto Ballaststoffe (Verdauung!) unschlagbar. Außerdem voller sekundärer Pflanzenstoffe. Diese von den Ernährungsexperten so heiß geliebten Substanzen aktivieren den Stoffwechsel, unterstützen die körpereigenen Enzyme und normalisieren den Blutdruck.

Obst und Gemüse stecken voller »sekundärer Pflanzenstoffe«. Ernährungsexperten lieben die Dinger ...

NEIN: Trockenfrüchte wie Rosinen, Dörrpflaumen, getrocknete Bohnen oder Aprikosen. Ananas, Mango. Erdnüsse.

MILCH UND MILCHPRODUKTE

JA: Joghurt, Magerquark, Voll- und Magermilch. Und – ganz neu – MCT-Margarine (darüber mehr auf Seite 76).

NEIN: Käse mit höherem Fettanteil. Eiscreme, dick Butter, Sahnesaucen, Schmand, Mayonnaise.

FISCH, FLEISCH, GEFLÜGEL

JA: Fettarmer Fisch wie Kabeljau, Schellfisch, Dorade, auch Garnelen – eine der besten Eiweißquellen überhaupt, wenig Fett, leicht verdaulich. Gedünstet besser als paniert. Mageres Fleisch vom Schwein und Rind (gegrilltes Rindersteak), auch Kalbfleisch – okay. Ebenso Truthahn, Huhn, Tofu, magerer Schinken. Eier wegen ihres hochwertigen Eiweißes und der Nährstoffdichte.

Besonders Dauerwurst steckt voller versteckter Fette – also meiden

NEIN: Jede Art von fettem Fleisch und Wurstwaren. Besonders Dauerwurst enthält viele versteckte Fette. Ebenso Speck, Currywurst, Bratwurst. Um die meisten Fast-Food-Produkte einen Bogen machen (auch um deren Dressings).

SUPPEN

JA: Alle Variationen mit viel Wasser und viel Gemüse – von Minestrone bis zur Kürbissuppe, von der mageren Hühner- oder Rinderbrühe bis zur Rote-Bete-Suppe, Gazpacho, Tomatensuppe etc. Sie alle machen wunderbar satt (weil die so genannte Magendehnung viel früher als bei anderen Nahrungsmitteln eintritt) und liefern wenig Kalorien – allein des-

Die »Magendehnung« tritt bei Suppen viel früher ein – gut so

wegen gibt es Diäten, die überwiegend aus Suppen bestehen.

NEIN: Cremige bzw. angedickt pürierte Suppen, also z. B. Gulasch- oder Pilzrahmsuppe.

ZUCKER, SCHOKOLADE, GEBÄCK & CO.

Mal ein Stück Schokolade? Okay!

JA: Fruchtzucker aus bzw. in frischen oder gebackenen Früchten. Ab und zu ein Stück Schokolade für die Nerven – akzeptiert.

NEIN: Schokoriegel und all die anderen Sweeties, sie bestehen hauptsächlich aus Zucker und Fett. Gleicher Vorbehalt gilt auch für Kekse etc., gezuckertes Müsli, Haushalts- und Traubenzucker, Honig, Torten, Rührkuchen.

Was bedeuten diese Listen für den normalen Alltag? Soll man jetzt bergeweise Gurken naschen?

Einfach von Tag zu Tag mehr JA-Produkte auf die Speisekarte setzen. So fängt alles an …

Gott bewahre (obwohl Gurken jeder Spielart klasse schmecken). Diese JA- und NEIN-Auflistungen bilden so eine Art Grundraster für die Power-Diät-Ernährung. Am besten, Sie verinnerlichen die einzelnen Positionen in aller Ruhe und fangen dann an, von Tag zu Tag mehr JA-Nahrungsmittel auf die ganz persönliche Speisekarte zu setzen.

Zum Frühstück gibt's dann eben Haferflocken-Porridge statt Cornflakes, einen Gemüsesaft zusätzlich zum

Kaffee, nicht zwei Brötchen, sondern nur eins oder ein halbes mit einem Hauch Marmelade statt dicker Honigschicht (und das klumpige Brötchen-Innenleben wird einfach rausgerupft und entsorgt). Auch toll: zusätzlich ein Fruchtsalat oder frische Früchte. Joghurt sowieso. Hunger? Bis zum Mittag kein Thema.

Es geht um Ernährungsumstellung, nicht um Enthaltsamkeit

Sie merken schon: Es geht zwar um Ernährungsumstellung, aber nicht um Enthaltsamkeit. Essen Sie, worauf Sie richtig Lust haben – auch und gerade bei Ihrer Hauptmahlzeit des Tages! Aber wo steht geschrieben, dass ein Gemüseteller mit dickem Käse überbacken sein muss? Man kann doch genauso gut würzigen Parmesan drüberreiben, oder? Und zum Nudel- oder Reisgericht müssen es ja nicht unbedingt fetttriefende Auberginen sein, pfannengerührtes Chinagemüse ist dagegen ein Traum. Auch eine Gemüsesuppe auf Brühe-Basis mit magerer Fleischeinlage macht pappsatt und hält lange vor. Überhaupt Suppen! Sie sind die besten Helferlein beim hungerfreien Abnehmen. Man kann's nicht oft genug betonen …

Vom Trinken war bisher keine Rede.
Zufall oder Absicht? Absicht natürlich.

Denn über die Getränkefrage muss man nicht lange debattieren. Grundsätzlich gilt: viel trinken – nur dann, wie gesagt, kann unser Körper die Ballaststoffe

zügig zum Ausgang befördern, und Zwischendurchhunger kommt noch weniger auf, weil auch Getränke, selbst bei kurzer Verweildauer dortselbst, den Magen füllen. Aber »viel« ist relativ, denn durch die Nahrungsumstellung auf Mahlzeiten mit eh schon hohem Flüssigkeitsanteil in den Zutaten (Gemüse, Obst etc.) besteht da kaum ein wirklicher Mangel.

Sie machen nichts verkehrt, wenn Sie pro Tag zweieinhalb Liter trinken. Am besten Mineralwasser, Früchte- bzw. Kräutertees, aber auch gegen schwarzen Tee und Kaffee ist schwerlich etwas einzuwenden. Gut: gelegentliche Obst- und Gemüsesäfte. Und das abendliche Glas Bier? Bei den meisten Diäten wird's zum reinsten Horror erklärt. Vergessen Sie das Anti-Bier-Gerede. Bei dieser Diät für Männer dürfen Sie es zur Entspannung genießen – wenn es denn wirklich bei »einem« Bierchen bleibt.

Zweieinhalb Liter pro Tag trinken, das geht in Ordnung. Auch mal einen Gemüsesaft

Dass »richtiger« Alkohol (Schnäpse & Co.) auf den Index kommt, versteht sich von selbst. Mal eine Weinschorle? Zum Wohle ...

Schnäpse & Co. kommen auf den Index. Und da bleiben sie auch ...

Die Fettfrage: Was kommt zwischen das Vollkornbrot und die Tomate – Butter, Margarine oder gar nix?

Gar nix geht schlecht – Sie würden uns zu Recht für verrückt erklären.

Zum Glück gibt es ein Fett, das eigentlich schon länger auf dem Markt angeboten wird – nur, dass dieses Fett eben *nicht* fett, sondern *schlank* macht, das ahnte keiner so recht. Erst Studien an der Karls-Universität in Prag, in Auftrag gegeben vom Deutschen Institut für Ernährungsmedizin und Diätetik, brachten das Wunder ans Tageslicht.

Halten wir an dieser Stelle fest: Damit ist die viel zitierte Globalisierung auch beim Pfunde-runter-Thema Wirklichkeit geworden – nach den Forschungen in USA und Australien hat Europa nun endlich seine eigene Food-Sensation zu bieten.

Es lebe die Abspeck-Internationale!

Schon mal etwas von »mittelkettigen Fettsäuren« gehört? Macht nichts. Sie müssen sich nur das Kürzel merken: MCT

Das Zauberwort lautet »MCT«, ist die Abkürzung für »medium chain triglycerides«, was schlicht »mittelkettige Fettsäuren« meint, und dass kein Laie damit irgendetwas anfangen kann, freut die Experten – wozu würde man sie sonst brauchen?

Um es auf einen kurzen Nenner zu bringen: Die übliche Margarine, aber auch pflanzliche Öle und Fette enthalten durch die Bank nur langkettige Fettsäuren (LCT), die unser Körper – wir haben das ja schon mehrfach abendfüllend besprochen – als ewiges Energiedepot im Fettgewebe bunkert. Mit den mittelkettigen Fetten, eben den MCTs, ist das was ganz anderes: die werden merkwürdigerweise nicht gespeichert, die zirkulieren munter durch die Blutbahnen und steigern dabei, heißt es, den Energieumsatz des Körpers um bis zu zehn Prozent.

Wie unzählige kleine Lagerfeuer erzeugen die MCT-Fette zusätzliche Wärme, und was sie da laufend verbrennen, sind überflüssige Fette – Fette, die sich sonst von alters her in Speckrollen verwandeln. Die eingangs erwähnten Prager Forscher haben das mal umgerechnet: Würde man bei seinem üblichen Essverhalten die normalen Fette zu großen Teilen durch MCT-Fette ersetzen, ergäbe das in einem Monat ein Fettverbrennungs-Plus wie bei zwei bis drei Tagen Total-Fasten, anders formuliert: als käme 48 bis 60 Stunden lang keine einzige Kalorie über unsere Lippen!

Fabelhaft: Das Fett, das überflüssiges Fett einfach verbrennt

Wenn wir diesen Bonus auf unsere Alltags-Ernährung übertragen, heißt das: Nullwachstum – wir können mehr essen, nehmen trotzdem nicht zu. Wenn wir diese Berechnung aber auf unsere sowieso schon schlank machende Power-Diät übertragen, heißt das: Super-Turbo-Effekt – wir specken mit MCT *noch leichter* ab!

»MCT« stammt aus Kokosfett und Palmenkernöl und schmeckt genauso gut wie jede andere Margarine.

Bisher war MCT-Margarine nur in der Krankenkost bekannt

In der üblichen Allerweltsküche spielten die MCTs bislang keine Rolle, wurden nur im Rahmen von Krankenkost eingesetzt. Nach den Prager Testreihen bieten sich die mittelkettigen Wunder-Teilchen aus Kokosfett

und Palmenkernöl jetzt natürlich als willkommene Ergänzung des hier beschriebenen Diät-Konzepts an. Vor allem auch deshalb, weil man bei Verwendung von MCT-Fetten auf eine kohlenhydrat- und ballaststoffreiche Ernährung achten sollte – und genau das macht ja unser Diät-Prinzip aus!

Ihr Stoffwechsel sollte sich ganz gemütlich an MCT gewöhnen

Aber bitte nichts überstürzen ...

Unser Stoffwechsel – MCT-untrainiert, wie er nun mal ist – muss sich langsam dran gewöhnen. Und weil wir auf die lebenswichtigen essenziellen Fettsäuren, die nun mal vorrangig aus den üblichen langkettigen Fetten bestehen, sowieso nicht ganz verzichten können, gehen wir die Sache gemütlich an. Anfangs gönnen wir uns die MCT-Margarine nur morgens zum Frühstück aufs Brot: 10 bis 20 Gramm reichen. Im Laufe der Power-Diät steigern wir den MCT-Fettanteil dann sukzessive. Da es neben der – übrigens vitaminreichen – MCT-Margarine nicht nur MCT-Diät-Speiseöl, sondern auch MCT-Streichcremes von Pute bis Karotte-Brokkoli, von Tomaten-Olive bis Meerrettich gibt, ist das kein Problem. Sogar Süßschnäbel kommen auf ihre Kosten: die MCT-Schokocreme schmeckt nach Nüssen und Schokolade und kann auch zum Verfeinern beim Backen verwendet werden.

Es war schon immer etwas teurer, etwas Besonderes zu kaufen ...

Wie alles im Leben, was neu und ein bisschen unüblich ist, kosten die MCT-Novitäten ein wenig mehr als Standard-Produkte: ein 250-Gramm-Becher Margarine z. B. über 3 Euro, eine 0,5-Liter-Dose Speiseöl annähernd das Doppelte. Und man kriegt sie auch nicht

im Supermarkt. Immerhin: Viele Reformhäuser haben MCT-Ware z. B. von »mct basis plus« bereits im Angebot (Infos dazu im Internet unter www.mct-fett.com), und die Union Deutsche Lebensmittelwerke schicken ihre MCT-Margarine bzw. Diät-Speiseöl Marke »Ceres« sogar direkt ins Haus (Details zu den Lieferbedingungen unter Telefon 02821-71 04 92 bzw. Fax 71 02 49 oder postalisch über Postfach 2060, 47518 Kleve).

Im Reformhaus kaufen – oder einfach schicken lassen

Als Mann is(s)t man tagsüber selten zu Hause. Wie klappt es da im Restaurant?

Keine Bange: Das »Satt-ist-satt«-Phänomen funktioniert nicht nur daheim, sondern natürlich ebenso im Restaurant oder in der Firmenkantine, und so manche, auch ausländische Küche lebt z. T. sogar immer schon vom »Viel Volumen, geringe Energiedichte«-Prinzip.

Paniertes, Frittiertes, Überbackenes: Bitte ganz genau hingucken!

Hier gilt es nur einige wenige Richtlinien zu beachten: Diät-kritische Schwergewichte sind Paniertes, Frittiertes, mit Käse und Sahne Überbackenes – als grundsätzlich positiv gilt alles Gegrillte, Gedämpfte oder Gedünstete.

Ignorieren Sie Käse-, Sahne- oder Buttersaucen ebenso wie z. B. das Knoblauchbrot vorweg.

Favorisieren Sie klare Saucen und solche auf Joghurt-Basis.

Und immer dran denken: Zeit lassen beim Essen.

Haben Sie eine Ahnung, wie lang die Leitung zwischen Bauch und Hirn ist? Ziemlich lang: Das Satt-Signal braucht endlose 20 Minuten von der Leibesmitte bis ganz nach oben!

Die bevorzugten ausländischen Restaurants hierzulande – ob Italiener oder Chinese respektive Thai, Grieche, Spanier oder Franzose – haben ihre Diät-Fallen ganz unterschiedlich ausgelegt.

Beim Italiener ist Antipasti in Öl nicht so gut …

Beim *Italiener* sollten Sie z. B. auf Suppen, gegrillten Fisch, Mozzarella mit Tomaten, Nudeln mit Gemüsesauce und die kleine Pizza mit wenig Käse setzen. Antipasti in Öl, Pesto, Nudeln mit Käse- oder Sahnesaucen oder gar Desserts wie Tiramisu? Da gibt's nur eines: Finger weg.

… und beim Franzosen sollte man Pasteten auch besser meiden

Beim *Franzosen* bestellen Sie vorzugsweise Gemüsegerichte wie Ratatouille, Fischsuppen wie Bouillabaisse, Meeresfrüchte, Fleisch möglichst mit klaren Saucen auf Weinbasis. Gratins, Pasteten, sahnige Nachspeisen kommen nur infrage, wenn Sie Testesser für den Guide Michelin o. Ä. sind und mit Diäten eh nix am Hut haben.

Beim *Chinesen bzw. Thai* wird vieles als »knusprig« angepriesen. Aber »knusprig« heißt: frittiert und fett, also lassen wir das lieber. Toll dagegen sind gedämpfte Fisch- und Gemüsegerichte, mit Reis dazu. Achtung: Pfannengerührtes ist nicht grundsätzlich »light«, jedenfalls dann nicht, wenn Mandeln oder Cashewkerne drinstecken.

Beim *Spanier* sagen wir ja zu den Salaten und Gemüse-

suppen, dem Fisch, dem Schweinefilet. Paella und Tortillas? Manchmal eine doch allzu ölige Angelegenheit! Beim *Griechen* ist bei vielen Gerichten – etwa Moussaka, in Öl Eingelegtes, Bifteki usw. – Vorsicht geboten: die Küche gilt zu Recht als ganz schön fett. Meiden muss man die Restaurants a là »Poseidon« oder »Athena Palace« trotzdem nicht. Melone, Joghurt, frische Feigen, gefüllte Weinblätter, überhaupt Salate – viel Volumen, viel Flüssigkeit, viel Geschmack ...

Die griechische Küche gilt zu recht als ganz schön fett

Für so manchen ist es die Frage aller Fragen: Wie schnell nimmt man mit dieser Power-Diät ab?

»Schnell« ist relativ, hängt vom Ausgangsgewicht ab (beim richtig dicken Menschen geht's, klar doch, anfangs fixer als bei jemandem, der nur ein paar Pfund zu verlieren hat), und natürlich spielt es in der Einstiegsphase eine gewisse Rolle, wie konsequent Sie die neuen Regeln in die Tat umsetzen.

Vor allem: Dieses Abspeck-Konzept für IHN ist – wir wiederholen es ruhig noch mal – keine Crash-Diät, bei der man sich zwei Wochen lang mit täglich 800 Kalorien begnügen muss, vor Hunger nachts kaum schlafen kann, allenfalls Wasser und Muskelmasse verliert und einen Monat später noch mehr wiegt als vor Beginn der Quälerei.

Einen Fehler machen Sie bitte nicht: in den Ruckzuck-Irrsinn zu verfallen!

Damit entfällt von vornherein der Grund, in den sonst Diät-üblichen Ruckzuck-Irrsinn zu verfallen.

Es kommt doch nicht auf ein paar Wochen an – diese Diät ist schließlich für immer

Lassen Sie sich Zeit, der Erfolg ist Ihnen in jedem Fall sicher! Ein paar Wochen mehr oder weniger spielen keine Rolle. Sie wollen ja nicht jedes Jahr eine neue Diät machen – diese hier ist für immer!

Und man kann auch nicht oft genug darauf hinweisen, dass der Körper jede Art von Pfunde-runter-Hektik hasst. Er will mit ganz subtilen Mitteln überlistet werden, weil er sonst Panik kriegt und sein steinzeitliches Überlebensprogramm startet. Sie wissen ja spätestens seit Seite 40 und der Jojo-Effekt-Diskussion: Wenn wir die Kalorienzufuhr drastisch einschränken, stellt sich unser Organismus auf Notrationen ein und passt sich zähneknirschend der Brutal-Diät an. Auch nach Ende der harten Tour hat er kein Problem damit, wochenlang auf Sparflamme weiter zu dümpeln und deutlich weniger Energie als vorher zu verbrauchen – obwohl der Mensch längst wieder zur alten Ernährung mit 3000 Kalorien zurückgekehrt ist. Und prompt füllen sich die Fettdepots erneut auf! Sogar noch schneller als vorher! Also werden wir den Teufel tun und bei dieser Power-Diät aufs Tempo drücken!

Rückfälle sind nicht zu befürchten, weil niemand hungern muss

Unser Gesamtkonzept aus mehr Volumen, geringerer Energiedichte, Sättigungsfaktor, glykämischem Index und MCT-Fett hat ja im Übrigen den Charme, all die Fehler und Probleme anderer Diäten vergessen zu machen. Rückfälle sind nicht zu befürchteten – schon *während* der Abspeckphase isst man sich satt, verspürt keinerlei Hunger, den man *nachher* hofft, endlich wieder stillen zu können. Und durch den erhöhten Ener-

gieverbrauch bei auch nur teilweiser Umstellung aufs MCT-Fett merkt unser Körper gar nicht, dass er durch die Ernährungsumstellung rein rechnerisch eigentlich weniger Kalorien aufgetischt bekommt.

Der Körper merkt gar nicht, dass er rein rechnerisch weniger Kalorien aufgetischt bekommt

Nach Erreichen der Zielgeraden – die richtet sich letztlich, darauf haben wir uns ja geeinigt, nach Ihrem Body-Mass-Index und Ihrem persönlichen Körperfettanteil – pendelt sich sein Gewicht von selbst auf dem neuen schlanken Level ein. Ohne Jojo, ohne Stress.

Einen – letzten – Punkt wollen wir trotz alledem nicht vergessen:

Wer jeden Tag ein wenig aus der Puste kommt, fühlt sich auf Dauer wohler.

Bewegung steigert das Körperbewusstsein, die gute Laune und den Energieverbrauch. Warum soll man sich nicht dieses komplette Positiv-Trio gönnen, zumal unsere Diät dadurch noch einen Touch effektiver wird – und die Figur sich mit mehr Straffheit und einer selbstbewussteren, aufrechteren Haltung bedankt?

Alle Ausdauer-Aktivitäten bringen die Pfunde zusätzlich zum Schmelzen

Die Parole lautet: Alle Aktivitäten, die einen langen Atem brauchen, bringen die Pfunde zusätzlich zum Schmelzen. Das kann Laufen, Schwimmen oder Radfahren sein, aber auch Inlineskaten oder Tanzen. Worauf haben Sie am meisten Lust (wegen der – siehe oben – guten Laune)? Prima Ergänzungsmöglich-

keiten, die sich im Übrigen wunderbar in den Alltag integrieren lassen: Viel Treppensteigen, Gartenarbeit, ausgiebige Spaziergänge, auf dem Weg zum Job eine Bus- oder Bahnstation früher raus usw.

Am besten: leicht ins Schnaufen, aber nicht außer Atem kommen

Die Wirkung ist prinzipiell immer die gleiche und keine Frage von Anstrengung: am besten funktioniert die Fettverbrennung unseres Körpers, wenn man nur ganz leicht ins Schnaufen, aber nie außer Atem kommt, sich nebenbei noch gut unterhalten kann. Frohe Botschaft für all die Untrainierten im Lande: den höchsten Grad der Fettverbrennung erreichen Sie, wenn Sie Ihre maximale Leistungsfähigkeit nur zu 35 Prozent ausschöpfen.

Jagen Sie Ihren Puls also nicht zu hoch. Wo der Idealbereich liegt? Experten raten entweder zu maximal 130 Pulsschlägen pro Minute oder zu 180 minus Lebensalter. Was bei vielen Diät-willigen Männern aufs selbe rauskommt (jüngere Leute dürfen sich sowieso mehr zumuten). Falls Sie das Zwischendurch-Pulsmessen per Daumendruck altmodisch (oder peinlich) finden, schenken Sie sich eine Messuhr fürs Handgelenk. Mit der können Sie den Herzschlag überprüfen, ohne beim Radfahren & Co. eine Pause einlegen zu müssen. Einfach dazugehörigen Gurt um die Brust binden, der Wert wird dann auf der Mess-Armbanduhr angezeigt. Wenn's beliebt, verbreitet das Ding auch Piepsignale, sobald der individuelle Leistungsbereich über- oder unterschritten wird. Solch ein Teil kostet ab ca. 70 Euro.

Puls messen per Piepton?

Wichtig bei Ihren sportlichen Freizeit-Aktivitäten ist die Regelmäßigkeit und die Ausdauer. Der Stoffwechsel benötigt nämlich Zeit: Erst nach etwa 30 Minuten Training sind die Muskeln mit genügend Sauerstoff versorgt, dann beginnt der Körper, sich über die Fettpolster herzumachen – vorher verbraucht er überwiegend seine Kohlenhydrat-Reserven. Bleiben Sie länger dran, ist die Fettverbrennung noch effektiver. Kleines Beispiel:

Erst nach einer halben Stunde sind die Muskeln mit genügend Sauerstoff versorgt

3 x die Woche – so könnte Ihr Fitness-Plan aussehen

Montag: eine halbe Stunde Inlineskaten oder 20 Minuten Brustschwimmen

Mittwoch: 30 Minuten zügiges Gehen oder mindestens zehn Fenster putzen (ist ja eigentlich sowieso Männerarbeit, oder?)

Freitag: 40 Minuten Fahrrad fahren oder 30 Minuten leichtes Joggen

Mit der Zeit ließe sich dieses Schlicht-Programm durchaus intensivieren. Die Erfahrung zeigt: Wer einmal damit angefangen hat, mag irgendwann nicht mehr drauf verzichten. Legen Sie dann einfach bei der Trainingslänge zu. Die Pausentage dazwischen tun der Muskulatur nur gut – sie gewinnt neue Kraft und erweitert ihre Energiespeicher.

Pausentage tun der Muskulatur gut – sie erweitert ihren Energiespeicher

Das Beste, was Ihnen dann noch passieren kann: Sie nutzen den versprochenen Energie-Schub unserer

Power-Diät, um nicht nur insgesamt aktiver zu werden, sondern auch gezieltes Muskeltraining zu betreiben.

> *Wer Muskeln aufbaut, wird noch besser schlank. Und kriegt ganz nebenbei eine ordentliche Figur.*

Wir haben es schon mehrfach angesprochen: Im Gegensatz zur trägen Fettmasse sind Muskeln stoffwechselaktives Gewebe. Baut man durch entsprechendes Training zusätzliche Muskeln auf, erhöht sich dadurch der Grundumsatz (Sie erinnern sich: damit ist die Kalorienmenge gemeint, die der Körper in Ruhe verbraucht) um bis zu 15 Prozent. Man nimmt noch besser ab. Und die Körperkonturen – die Proportionen – profitieren davon unübersehbar: knackigere Oberarme, kräftigere Brust, festere Partien rund um den Nabel.
Einen echten Waschbrettbauch versprechen wir Ihnen trotzdem nicht, aber das Thema hatten wir ja schon schon ...

Wer keinen Sport treibt, hat irgendwann 40 Prozent seiner Muskelkraft eingebüßt – wollen Sie das?

Muskeltraining ist Krafttraining, und das hört sich für viele von vornherein negativ an. Man denkt: Bodybuilding = Riesenmaschinen, an denen schwitzende Kerle stöhnend hantieren. Tatsache aber bleibt, dass Männer, die keinerlei Sport betreiben, vom 20. bis zum 60. Lebensjahr ungefähr 40 Prozent ihrer Muskelkraft einbüßen. Und auch die Flexibilität der Muskeln lässt schon ab Ende 30 nach. Beidem kann man effektiv

vorbeugen – und wann ist die Gelegenheit günstiger als jetzt, da man sich eh entschlossen hat, den gesamten Körper mit dieser Diät zu »renovieren«? Es würde die Möglichkeiten des Buches allerdings sprengen, ein detailliertes Krafttrainingspaket zu präsentieren. Wozu haben wir rund 6300 Fitness-Studios in Deutschland?

Kleiner Tipp: Es gibt 6300 Fitness-Studios in Deutschland ...

Nur zum Probieren, hier als Abschluss ein schneller Test, der Auskunft über den Zustand Ihres Bauches gibt – mit und ohne Assistenz:

Bauchmuskel-Check-up Version I

Legen Sie sich auf den Rücken und deponieren Sie gleichzeitig ein Handtuch unter die Lendenwirbelsäule. Heben Sie beide Beine senkrecht hoch, möglichst gestreckt (in aller Ruhe versuchen, geht doch!). Anschließend den Bauch anspannen und das Handtuch per Wirbelsäulendruck an den Boden pressen. Danach beide Beine parallel schön langsam wieder absenken.

Eine zweite Person – Ihre mitfühlende Liebste? – versucht währenddessen, das Handtuch unter Ihrem Rücken hervorzuziehen. Wann gelingt das:

Der Trick mit dem Handtuch unter dem Rücken

- Wenn Ihre Beine noch gut zwei Fuß Abstand zum Boden haben? Dann sind Ihre Bauchmuskeln ziemlich untrainiert.
- Wenn der Abstand ein bis eineinhalb Fuß beträgt? Dann befinden sich Ihre Bauchmuskeln in einem halbwegs zufrieden stellenden Zustand.
- Und wenn sich das Handtuch gar nicht hervorzie-

hen lässt, obwohl die Beine bereits wieder unten sind? Dann darf Ihre Liebste Sie ab sofort Rambo nennen!

Für Singles, denen niemand zur Hand gehen kann, kennt die Fachwelt noch einen anderen Bauchmuskel-Test. Er ist als Solo-Nummer gedacht:

Bauchmuskel-Check-up Version II

Mal ehrlich: Wie hoch kriegen Sie Ihre Schulterblätter? Schaffen Sie zumindest Stufe I »nicht übel«?

- Sie begeben sich in Rückenlage, stellen die Füße auf, strecken die Arme lang aus. Anschließend Oberkörper unter Anspannung der Bauchmuskeln möglichst gestreckt aufrichten – bitte langsam. Kriegen Sie die Schulterblätter etwa fünf Zentimeter vom Boden hoch? *Note: nicht übel*
- Die gleiche Prozedur, nur noch etwas mehr in Zeitlupe. Sie können die Schulterblätter gut und gern zehn Zentimeter anheben? *Note: ganz ordentlich*
- Gleiche Ausgangsposition, diesmal aber legen Sie sich noch ein Gewicht auf die Brust (z. B. Ihren mit dicken Akten gefüllten Pilotenkoffer). Schaffen Sie's auch damit fünf Zentimeter hoch? *Note: großartig*

(PS: Bei »großartig« können Sie dies Buch beiseite legen – Sie brauchen es nicht, Sie sind schlank und fit, Sie haben vermutlich sogar einen Waschbrettbauch ...)

DRITTER TEIL

Der Beweis

Die Probe aufs Exempel – der Praxis-Test. Devise: »20 Pfund, na und?«

Versuchskaninchen: mein Mann Geert Zebothsen, der eigentlich schon alle gängigen Diäten am eigenen Leib durchlitten und danach immer wieder zugenommen hat. Lesen Sie, warum er bis dato eine A- und eine B-Garderobe brauchte, wie er den Körperfett-Schock auf der Waage überstand, wann sich das Jungbrunnen-Gefühl in ihm zu regen begann, welche abstrusen Schlankmacher-Ideen andere Leute umtreibt, wo der sogenannte Set-Point angesiedelt ist, wieso man ruhig mal zwischendurch über die Stränge schlagen darf – und wann er die 20 Pfund runter hatte (für immer, wie er schwört).

Das Leben ist hart genug, da muss wenigstens das Abnehmen Spaß machen.

Es gibt viele dicke Männer.

Okay, nicht alle dicken Männer sehen wie japanische Sumo-Ringer aus und wiegen 250 Kilo (kein Scherz, tun die Herrschaften wirklich). Manche dicken Männer – Tiramisu-Tenor Luciano Pavarotti, Mafia-Mime Marlon Brando oder Bayern-Bulle Ottfried Fischer zum Beispiel – begnügen sich mit 150 bis 160 Kilo (das schwankt, glaube ich, je nach Tageszeit). Gegen die drei wirkt Obelix-Franzose Gérard Depardieu mit seinen 125 Kilo geradezu gazellenhaft.

Sumo-Ringer bringen 250 Kilo auf die Waage. Dagegen wirkt Pavarotti irgendwie schlank ...

Neues Mitglied im Kreise der Big Brothers scheint mir ZDF-Landarzt Walter Plathe geworden zu sein. So wie der sich durch die norddeutsche Tiefebene bewegt – jeder echte Medizinkollege müsste dem Mann ins Gewissen reden. Wegen mangelnder Vorbildfunktion. Sie kennen Plathe nicht? Schade. Aber Dieter Pfaff kennen Sie. Auch ein fabelhafter Fernsehschaffender mit relativ hohem Bildflächenanteil. Ich schätze mal: 140 Kilo. Und so könnte man die Dicken-Liste beliebig fortsetzen. Aber kommen Sie mir jetzt nicht mit Komiker-Kugel Dirk Bach. Bach ist nämlich bloß ein Bächlein – nicht wirklich zu schwer, nur etwas zu kurz für sein Gewicht: 99 Kilo, umgerechnet auf 161 Zentimeter, das ergibt einen Body-Mass-Index von ...

Komiker-Kugel Dirk Bach ist nicht zu schwer, der ist bloß zu klein für sein Gewicht

Nein, ich will das gar nicht wissen. Im Grunde hat jeder der hier erwähnten Promis vermutlich den BMI eines indischen Elefanten und den Körperfettanteil einer Tiefkühltruhe voller Schweinshaxen.

Ist deren Sache, klar.

Ehrlich gestanden: Ich zähle die VIP-Kilos ja nur deshalb so genüsslich auf, damit niemand »O mein Gott!« stöhnt, wenn ich jetzt verrate, wie viel ich zuletzt zu bieten hatte.

97,5 Kilo.

Alle Menschen mit Übergewicht reden von »schlechten Zeiten«, die irgendwann ausbrechen würden

Moment, ziehen Sie keine voreiligen Schlüsse: Ich bin größer als Dirk Bach. Nicht 1,61, sondern 1,90 Meter. Ich meine, fast 30 Zentimeter Unterschied sind fast 30 Zentimeter Unterschied. Und außerdem: Wenn mal schlechte Zeiten ausbrechen, muss man schließlich ein bisschen zuzusetzen haben.

Das sagen alle Menschen mit Übergewicht?

Stimmt.

Aber schuld ist sowieso meine Frau.

Nicht, dass sie mich falsch ernährt hätte. Schlimmer: Sie hat mich in falscher Sicherheit gewogen. Schlechtes Deutsch? Gut, anders herum: sie hat dafür gesorgt, dass ich mich in falscher Sicherheit wiegen konnte.

Ich konnte mich in falscher Sicherheit wiegen, weil ich mich nie wiegen musste

Indem ich mich nie wiegen musste.

War einfach kein Thema. Warum auch? Wir alle kennen doch diese Geschichten: Gattin, 60 Kilo leicht, findet Gatten, knapp 100 Kilo schwer, schwer in Ordnung. Etwas zum Anlehnen, etwas zum Beschütztwerden, etwas zum Was-weiß-ich-nicht-alles.

Dann kam dieser Morgen, an dem meine Frau sagte: »Das sind keine Muskeln, das ist ein Bauch«.

Es war Sonnabend, acht Uhr in der Früh, ich erinnere mich noch ganz genau. Ich stand im Bad, so wie man morgens im Bad steht: Relativ unbekleidet, weil im Begriff, unter die Dusche zu steigen.

Ich stand im Bad und dachte an nichts Böses

»Nicht bewegen«, sagte meine Frau.
»Warum?« Ich erstarrte freudig erregt zur Salzsäule.
»Ich will mal was sehen«, sagte meine Frau.
Hohoho!, dachte ich, der Tag fängt gut an. Voller Vorfreude fügte ich ein cooles »Was Bestimmtes?« hinzu. Natürlich dachte ich mir mein Teil. Leider war es das falsche Teil.
»Dein Bauch«, sagte meine Frau, »irgendwie habe ich ihn flacher in Erinnerung.«
Die Stimme hätte mich gleich stutzig machen müssen: sanft, gedehnt, schwang da nicht sogar ein Hauch unnötiger Zuversicht mit?

Ihre Stimme hätte mich gleich stutzig machen müssen

Ich blickte zögernd an mir herunter: »Welcher Bauch?«
Sie tippte wortlos drauf.
»Das«, sagte ich mit einem belehrenden Unterton, »ist kein Bauch.«
»Sondern?«
»Das sind Muskeln.«
Sie kniff hinein, bevor ich von innen oberflächenstraffende Maßnahmen ergreifen konnte.

Was ist ein Bauch? Muskeln im Zustand der Entspannung …

»Schlaff«, sagte meine Frau. Sie sagte einfach bloß: »Schlaff.«

»Muskeln im Zustand der Entspannung.« Ob sie die schleichende Verlegenheit in meiner Stimme raushören konnte?

»Und hier an den Hüften«, fuhr meine Frau fort, ohne den physiotherapeutischen Hinweis von mir überhaupt zur Kenntnis zu nehmen, »dito.«

Kurzes, schwer im Raum hängendes Schweigen.

»Ich denke, es ist so weit.« Sie stemmte die Hände in die Taille (im Gegensatz zu mir hatte sie eine), und der Hauch von Zuversicht in ihrem Blick war längst einem zufriedenen Ausdruck von Gewissheit gewichen.

»Wovon redest du?« Mehr als ein unartikuliertes Räuspern war das nicht, was ich rausbrachte.

»Wir fangen an«, antwortete sie, »wir nehmen ab.«

»Wir?«

»Wird dir gut tun.«

Dir? Eben war noch von wir die Rede.

»Ich finde nicht, dass ich das nötig habe!« Verzweifelter Blick in den Spiegel. Ich guck' sonst nie hinein. Meine Krawatte kriege ich mit geschlossenen Augen geknotet. Der Spiegel war an diesem Morgen genauso gnadenlos wie meine Frau. Ein Komplott.

Ich: »Ich hasse Diäten.« Sie: »Diese wirst du lieben.«

Ich: »Ich hasse Diäten!« Letztes Aufbegehren.

Sie: »Diese wirst du lieben.«

So wurde ich überrumpelt. So wurde die Power-Diät für Männer geboren. So wurde ich 20 Pfund schlanker. Aber gut, der Reihe nach.

Das komische Gefühl, wenn der Gürtel immer enger wird.

Rückblickend bin ich fast sicher: Meine Frau hat mich letztes Jahr zunehmen lassen, damit ich dieses Jahr reif fürs Abspecken war.

Sie brauchte ein Versuchskaninchen.

Ganz klar: Meine Frau brauchte ein Versuchskaninchen – mich

Auch wenn diese Hypothese haltlos sein sollte, gönnen Sie sie mir trotzdem, sonst müsste ich mich noch im Nachhinein schämen, jemals so viele Pfunde auf die Rippen gebracht zu haben.

Dick im Sinne von »adipös« (klingt wie Adidas, also mordsmäßig sportlich, meint aber leider »fettsüchtig«) –, nein »adipös« war ich nie. Schaute auch nie so aus. Die Pfunde, die ich zu viel am Leib trug, hatten sich solide verteilt, sodass sie im normalen Alltag kaum auffielen. Und der Bauch, den meine Frau an diesem Sonnabendmorgen »ganz zufällig« entdeckt haben wollte – Sie müssen ihn sich wie leicht hügeliges Terrain vorstellen, keineswegs wie einen Berg, eher wie eine Bodenerhebung, die das Gesamtbild einer ansonsten durchaus sehenswerten Landschaft reizvoll akzentuiert. Sie verstehen?

»Adipös« klingt sportlich wie »Adidas«, bedeutet aber leider »fettsüchtig«

Na gut: Es gab fraglos Zeiten, da machte ich in der Badehose eine bessere Figur als an dem bewussten Sonnabendmorgen.

Aber so ist das Leben.

Wobei, wenn ich es mir recht überlege, und Sie können's glauben oder nicht, sah ich mich in letzter Zeit durchaus der einen oder anderen selbstkritischen Anwandlung ausgesetzt. Aus eigenem Antrieb! Ohne Zutun meiner Frau! Bereits zwei, drei Mal hatte dieses nagende Schuldgefühl in mir zu nerven begonnen, das stets in der lächerlichen Überlegung zu gipfeln drohte, mal wieder so etwas Ähnliches wie Abnehmen in Erwägung zu ziehen.

Ein nagendes Schuldgefühl hatte sich schon schon zwei, drei Mal gemeldet

Der Grund war jedes Mal mein Lieblingsgürtel, der Anlass das jeweils nächste Loch, das drankam.

Sie kennen das: Solch selbstkritische Anwandlungen passieren selbstverständlich immer im falschen Augenblick. Wer hat morgens beim In-die-Hose-Steigen den Kopf frei für ernsthafte Auseinandersetzungen mit seinem Gürtel?

Gürtel sind aus Leder, Leder kann schrumpfen, Thema durch.

Im Zuge der letzten Anwandlung blieb diese Erklärung eine ganze Woche lang unwidersprochen, dann zog ich sie wegen Schwachsinn freiwillig zurück.

Ich war ins Grübeln gekommen.

Ich grübele gern.

Das Gürtel-Dilemma: Leder schrumpft? Leder dehnt sich höchstens!

Abends, vorm Einschlafen. Oder, noch besser: nachts, wenn man wach liegt. Herrlich! Man kann sich so richtig selbstquälerischen Gedanken-Kaskaden hingeben! Und dann geschah es, dass eine besonders bösartige Kaskade – nach langem Sträuben – das Thema Gürtel aufgriff. Leder schrumpft? Leder dehnt sich höchstens!

Gutes Leder auch? Nein, gutes Leder tut weder das eine noch das andere. Vor der Wucht der nachfolgenden Erkenntnis konnte mich keine Schlaftablette der Welt bewahren.

Die Erkenntnis lautete: »Was sich da in Wahrheit dehnt, das bist du, Verehrtester!«

Im Traum sah ich einen Kleiderschrank, voll mit Hosen, die hinterrücks kniffen

Ich hätte aufstehen und meine Steuerklärung machen sollen. Ich blieb natürlich liegen, und weil der Gürtel ja nur die Spitze des Eisberges war, tauchte vor meinem geistigen Auge als Nächstes der ganze Kleiderschrank auf – voll mit Hosen, die hinterrücks kniffen, und Jacketts, die sich nicht mehr zuknöpfen ließen. Alles Sachen, die mir ans Herz gewachsen sind. Ich halte es halt mit den Briten, die ihre Klamotten so lange tragen, bis sogar die Altkleidersammlung das Zeug zur Zumutung erklärt.

Das Schlimme an all den zu engen Hosen und Sakkos war: es handelte sich bei ihnen bereits um die Grundgarderobe der Phase B.

Phase B sagt Ihnen nichts?

Ich sollte das wohl ein wenig genauer erläutern.

Mein Leben pendelte zwischen Phase A und Phase B – dazwischen lagen zehn Kilo.

Wie manch anderer Mann mit Kilo-Kummer verfüge ich über Kleidungsstücke nach dem Zwei-Phasen-

Prinzip: Da sind einerseits die – figurbetonten – Sachen für Phase A (Phase A ist die Zeit *nach* einer Diät, wenn man sich extra schlank anzieht, damit alle Leute sagen: »Sie haben aber abgenommen, großartig!«), und da sind andererseits die – legeren – Sachen für die Phase B (Phase B ist die Zeit *vor* einer Diät, wenn man die Erinnerung an Phase A erfolgreich zu vergessen versucht).

Phase-A-Garderobe: Sachen für die Zeit nach einer erfolgreichen Diät

Das Zwei-Phasen-Prinzip bei der Zusammenstellung seiner Garderobe kann man so lange betreiben, wie sich das Gewicht auf der Waage zwischen diesen beiden Polen rauf und runter bewegt. Die Tragik bei mir war jetzt bloß: Ich konnte nicht von Jacken und Hosen der A-Phase auf Jacken und Hosen der B-Phase wechseln – ich lebte bereits in Phase B.

Phase B-Garderobe: Wenn die A-Sachen nicht mehr passen

Und bei B ging bald nichts mehr.

Genau genommen stand als Nächstes die Einführung einer Phase C ins Haus. Mode für den »stattlichen Herrn«. Das wäre die Hölle. Allein der Gedanke würde mich ins emotionale Abseits katapultieren.

Heimlich holte ich einen längeren Bindfaden aus dem Werkzeugfach im Keller, schlang ihn mir um den Bauch, markierte die Stelle, dort wo der Kreis sich schloss, griff zum Zollstock, legte den Bindfaden in der angezeichneten Länge drauf – und musste trocken schlucken: 1,03 Meter.

Es gab nichts daran zu deuteln. Nach den diversen Unterlagen meiner Frau waren das, streng genommen, 10 Zentimeter zu viel!

Ich hätte eine Taillenmessung folgen lassen können. Eine an den Hüften ebenfalls. Auch dafür gibt es Grenzwerte. Aber ich bin kein Masochist.

›Du bist nun mal der Apfeltyp‹, schoss es mir durch den Kopf, ›Apfeltypen sehen, wenn's dumm läuft, in des Leibes Mitte eben rund aus. Weißt du doch spätestens seit deiner Diät Nummer 1, damals, als zum ersten Mal überflüssige Pfunde dran glauben mussten. Hast du das vergessen?‹

Der Apfeltyp sieht in der Leibesmitte eher rund aus

Wie sollte ich das ganze Elend wohl jemals vergessen ... Sie haben es längst gemerkt: Bei mir handelt es sich um einen durch und durch Diät-gestählten Bürger. Ich erfinde zwar keine, aber ich lebe sie. Mehr als ein Dutzend dürften es bisher gewesen sein. Kein 7-Tage-Firlefanz, sondern ausgewachsene Heavy-Programme. Alles in allem habe ich seit meiner Jugend sicher weit über 150 Pfund abgenommen. Wenn Sie das nächste Mal auf dem Flughafen in der Schlange vor dem Eincheck-Counter stehen und die Gäste Gepäckstücke aufs Laufband hieven, gucken Sie mal, wie viele 20-Kilo-Koffer da bewegt werden – mein Übergewicht im Laufe der Jahre!

Alles in allem habe ich seit meiner Jugend bestimmt schon 150 Pfund weg-diätet

Ihres auch?

Der Airport-Vergleich ist komisch, er zeigt aber auch tragische Züge.

Die vielen, vielen Pfunde habe ich (haben wir) ja nicht nur unter Schmerzen runtergehungert! Sie sind immer wiedergekommen – und zwar immer wieder aufs Neue! Es lag im Zweifel an den falschen Diäten.

Von Atkins bis Mayo, von Trennkost bis Fasten: Ich ließ so gut wie keine Diät aus …

Meine Erfahrungen mit den gängigen Fett-weg-Methoden waren durch die Bank Frust-geprägt. Wie hießen sie nicht alle:

Bei Atkins gingen die Blutfettwerte hoch …

Atkins-Diät zum Beispiel. Bei der futterte man fett- und eiweißreiche Lebensmittel wie Fleisch, Wurst & Co. und mied kohlenhydratreiche wie Reis, Nudeln, Brot usw. – extrem einseitig, das Ganze, die Folge waren erhöhte Blutfettwerte und partielle Mangel- bzw. Fehlernährung.

… bei der Mayo-Diät stieg der Cholesterinspiegel …

Oder die Mayo-Diät. Ähnlich fett- und eiweißintensiv. Täglich drei, vier Eier, dazu viel Fleisch. Vitamine und Ballaststoffe? Überwiegend Fehlanzeige. Der Cholesterinspiegel schnellte in die Höhe, und das oft genau bei den Leuten, die sowieso schon Probleme damit hatten.

… bei der Trennkost schlugen die Experten die Hände über dem Kopf zusammen

Und dann die Trennkost! Da wurde einem eingeredet, Fett sei okay, Eiweiß und Kohlenhydrate aber behinderten sich gegenseitig, darum müsse man sie unbedingt zeitlich getrennt voneinander zu sich nehmen. Die Ernährungswissenschaftler schlugen die Hände über dem Kopf zusammen ob dieses Unsinns, zumal in vielen Lebensmitteln beides steckt. Dass diese Diät trotzdem für eine gewisse Zeit dünner machte, lag in erster Linie am hohen Gemüse- und Obstanteil.

FdH – »Friss die Hälfte« – war selbstverständlich auch öfter meine Losung. Klar, dass ich prompt abspeckte, leider verlor ich dabei jedes Mal die Übersicht, was an essenziellen, also lebenswichtigen Inhaltsstoffen bei der halbierten Nahrung auf der Strecke blieb. Ich kenne übrigens niemanden, der mit FdH dauerhaft seinen Frieden fand …

Fasten: Nur die Harten kommen in den Garten

Zur Null-Diät (Motto: Nur die Harten kommen in den Garten) hatte ich von vornherein ein gestörtes Verhältnis. Fasten – der freiwillige Verzicht auf Nahrung – wurde zwar stets als ideale Entlastung für den gesamten Organismus gepriesen, aber allein der Gedanke, wie bei einer Schroth-Kur tagelang lediglich zu trinken oder mal an einem harten Brötchen zu schnuppern, missfiel mir. Außerdem sollte man's unter ärztlicher Aufsicht erledigen, und ohne eine grundsätzliche Umstellung seiner Essensgewohnheiten tritt der Patient jedes Jahr aufs Neue an.

Auch Crash-Diäten säumten meinen Weg. So machte beispielsweise die Ananas-Methode eine Zeit lang Schlagzeilen. Irgendein Enzym, hieß es, würde das Fett quasi wegspülen. Zur Spül-Unterstützung schlürfte ich PuErh-Tee, eine Mischung, die meinen Därmen leider total gegen die Natur ging …

Mit den Formula-Drinks lernt kein Mensch richtiges Essverhalten

Noch ein abschließendes Wort zu den Formula-Diäten, den diversen Pulvern und Granulaten, die mit Milch oder Wasser zu Drinks oder Suppen angerührt werden: Ein einziges Mal verfiel ich dieser Fix-und-fertig-Faszination, aber das Zeug war relativ teuer und die

Wirkung nur von kurzer Dauer; ein vernünftiges Essverhalten erlernt dabei niemand.

Sehen Sie, deshalb hasse ich eigentlich Diäten.

»Diese wirst du lieben«, sagte meine Frau schon auf Seite 94.

Und dann sagte sie noch: »Weil du danach nicht wieder zunimmst.«

Lüge. Absolut unglaubwürdig. Zu schön, um wahr zu sein. Denn das hieße ja, ich könnte in Zukunft für immer und ewig die A-Phasen-Anzüge anziehen. Sehen sowieso besser aus. Aber deswegen wieder mal hungern, wieder mal Entbehrungen rund um die Uhr? Und einige Wochen drauf dann abermals unter diesem zutiefst deprimierenden Gefühl leiden, dass einem die A-Phasen-Klamotten erneut zu eng werden?

Never!

Unglaublich: Das Feierabend-Bier ist tatsächlich nicht verboten!

»Übrigens, dein Bierchen abends ...« Meine Frau gab mir einen Kuss.

»Gestrichen?«

»Ach wo. Genehmigt.«

»Dann ist es keine richtige Diät!«

»Es ist eine Männer-Diät, mein Schatz.«

Ich verzog keine Miene und versprach, bei Gelegenheit darüber nachzudenken.

Bereits am nächsten Morgen war ich wild entschlossen, damit loszulegen.

Ausschlaggebend war gar nicht das Bierchen, sondern der Zu-schön-um-wahr-zu-sein-Satz gewesen: »Weil du danach nicht wieder zunimmst.« Ich hatte bisher

noch jedes Mal nach einer Diät wieder zugenommen. Ich kannte überhaupt nur Leute, denen es so gegangen war. Selbst der eisernste Wille fängt irgendwann an zu rosten. Aber hier schien mir endlich mal nicht bloß der Wille gefragt – hier wurde, wenn ich den Erläuterungen meiner Frau glauben durfte, das Essverhalten so konsequent positiv umgepolt, dass man damit auf Dauer klarkam. Auf Dauer, verehrtes Publikum!!

Bisher kannte ich nur Leute, die immer wieder zugenommen haben

Jede Diät startet im Kopf. Einfach aus dem Bauch heraus hatte ich's noch nie gemacht. Warum diesmal?

Weil das Frühstück opulenter war als je zuvor.
Eine Weintraubentraube. Eine Kiwi. Kleines Rührei mit Kräutern. Vollkornbrot. Mein gewohntes Marmeladen-Sortiment. Haferflocken. Schwarzer Tee mit Milch.
Diätetisches Schlaraffenland.

Ein Frühstück wie im Schlaraffenland – alles meins?

»Ich finde, ich probier's gleich heute mal mit deiner neuen Power-Dingsda«, sagte ich zu meiner Frau, »ganz spontan, so aus dem Bauch heraus.«
»Aus welchem Bauch?« Liebevolles Kichern. Ich tat so, als wäre ich ganz in Gedanken. Dann hob ich zu einem weiteren Statement an: »Es gibt Entscheidungen, die soll man nicht lange vor sich herschieben. Erklär' mir einfach, was ich von den Sachen hier essen darf, die anderen werden weggeräumt und ...«

»Du darfst alles essen, Schatz«, antwortete meine Frau.
»Ich meine, was ich *jetzt* essen darf.«
»Du darfst alles *jetzt* essen, Schatz.«
»Das gehört komplett zur ersten Diät-Mahlzeit des Tages?«
»Ja, Schatz. Möchtest du noch ein bisschen gekochten Schinken dazu?«

Bisher gab es immer lähmende Selbstüberwindungs-Konferenzen zwischen der linken und der rechten Hirnhälfte ...

Verflucht, wenn ich das geahnt hätte, wäre mir eine schlaflose Nacht erspart geblieben! Auch auf die Gefahr hin, mich zu wiederholen: Meine bisherige Diät-Karriere bestand stets aus lähmenden Selbstüberwindungs-Konferenzen zwischen der linken und der rechten Hirnhälfte, quasi als Vorauskommando für die mentale Bereitschaft, es noch einmal zu versuchen. Sie wissen schon: der innere Schweinehund. Meistens gingen ein, zwei Wochen ins Land, bis es so weit war, dass ich morgens erschöpft aufstand und wusste: Okay, ab heute pack ma's! Ohne diese Selbst-Programmierung, Autosuggestion – man mag es nennen, wie man will – hält niemand eine längere Abspeckstrecke aus, wer drauf pfeift, bricht jede normale Diät mittendrin ab. Zu groß ist der Hunger-gesteuerte Durchhalte-Stress, es sei denn, man hockt auf einer einsamen Insel und hat eh keine andere Wahl.
Aber wo gibt's heute noch einsame Inseln ...
Ich frühstückte mit Muße und Genuss, und ehe ich mich versah, war ich satt und zufrieden. Der gekochte Schinken blieb auf dem Teller. Meine Frau blieb andächtige Zuschauerin. Mir blieb nichts anderes übrig,

als nach dem letzten Bissen zu fragen: »Raus damit – wo ist der Trick?«

Wo ist der Trick? Es gibt keinen

»Trick?«

»Na, hör mal, ich esse mehr und soll trotzdem weniger wiegen? Geht doch gar nicht.«

Da fing sie an, vom Satt-Phänomen, von der Energiedichte, von Volumen und glykämischem Index zu plaudern. Sie haben es ja weiter vorn in diesem Buch ausführlich nachlesen können.

»Dir ist das unverschämte Glück beschieden, Testperson Nummer 1 zu sein«, sagte meine Frau abschließend, »deine einzige Aufgabe besteht darin, die Power-Diät ganz locker durchzuziehen und hinterher aufzuschreiben, wie sie funktioniert.«

»Testperson! Ich hab's doch gewusst!«

»Andere Männer würden sich darum reißen!«

Naja.

20 Pfund in 90 Tagen? Ich bot 15 Pfund und wollte wie jede Regierung 100 Tage Schonfrist.

Meine Frau hat den Zu-viel-Kilo-Röntgenblick. Die braucht nur kurz zu gucken, schon tickt der Body-Mass-Computer in ihrem Kopf und sie sagt Ihnen sofort, was Sie aktuell auf die Waage bringen bzw. wie viel Sie eigentlich höchstens bringen dürften (keine Angst, unaufgefordert und in Gesellschaft tut sie das nie ...).

Meine Frau hat den Body-Mass-Computer im Kopf: Ein Blick genügt

Bei mir guckte sie gar nicht mehr, sie fragte lediglich: »Können wir uns auf 20 Pfund einigen?«

»Ich biete 15.«

Reines Taktieren meinerseits. Natürlich wusste ich selbst, dass 20 Pfund runter mussten, um wieder im grünen Bereich zu landen. Aber 15 hört sich weniger anstrengend an.

»20 Pfund«, wiederholte meine Frau, »wir wollen uns doch nicht um lächerliche fünf Pfund streiten, oder?«

»Okay.« Sie hatte ja Recht. Wenn schon, denn schon.

»In drei Monaten. Sonst wird's langweilig. Auch okay?«

»Das sind gerade mal 90 Tage, jeder neuen Regierung gewährt man mindestens 100 Schonfrist! Warum nicht mir?«

»Schön, einigen wir uns auf 95.«

Woher hätte ich ahnen können, dass ich weniger brauchen würde? Also tat ich mich entsprechend schwer beim Abnicken.

Später umarmten wir uns hingebungsvoll und im Anschluss daran durfte ich die JA- und NEIN-Liste auswendig lernen.

Ich träumte spontan von meiner geliebten Cordhose, in die ich mal kurz reingepasst hatte

Erster Eindruck: keine Spur von Hungerleiden. Jähes Aufflackern von Phase-A-Visionen. Die hellbraune Cordhose, in die ich vor langer, langer Zeit kurzzeitig hineinpasste – vielleicht erhielt ich bei ihr demnächst tatsächlich eine zweite Chance? Und das original Hawaii-Hemd. Eingelaufen, ohne dass ich richtig dazu gekommen wäre, es zu tragen – unter Umständen wuchs ich selbst in das geliebte Teil wieder hinein?

Ich kokse nicht, ich kekse. Bisher jedenfalls.

Mittags in der Kantine. Wie ferngesteuert reihte ich mich vor dem Leberkäs mit mayonnaisigem Kartoffelsalat ein, das Schoko-Dessert samt Sahnehäubchen schräg gegenüber ebenfalls schon fest im Blick. Im letzten Augenblick wurde ich Richtung Salatbüfett abgedrängt. Nicht von Kollegen. Von mir selbst.

Großer Salatteller statt Leberkäs mit Mayo-Kartoffelsalat – und das absolut freiwillig

Hey, die Gehirnwäsche lief bereits im Schleudergang. Und, hey, der große Salatteller mit Tomaten, Roter Bete, Gurken, Radieschen, Hüttenkäse plus üppigem Joghurt-Dressing schmeckte so herrlich frisch und kau-knackig, dass ich eine Gedenkminute zu Ehren all der Vitamine und Ballaststoffe darin einlegte, nicht umsonst hatte meine Frau so begeistert vom vitalisierenden Effekt der einen und der verdauungsfördernden Wirkung der anderen berichtet. Ich trank Mineralwasser, in den Kaffee danach kam ein Schuss Milch statt Sahne, und das wohlige Gefühl, essenstechnisch mit sich im Reinen zu sein, wollte und wollte nicht weichen.

Das wohlige Gefühl, essenstechnisch mit sich im Reinen zu sein

Der Karton mit dem Schokogebäck im Schreibtisch meiner Sekretärin blieb zum ersten Mal seit Monaten unangetastet. »Ist Ihnen nicht gut?« Sie klang zutiefst besorgt. Sie wusste: andere Menschen koksen, ich kekse. Mäßig, aber regelmäßig. Ich verweigerte vorsichtshalber die Aussage, weil ich mir selbst ein wenig unheimlich war.

Wieso sind die lebensfrohen Mittelmeer-Menschen nicht alle dick?

Abends, zu Hause, servierte meine Frau Hähnchenbrust an Brokkoli. Ha, mal sehen, wie sie die Klippe mit dem Bierchen zu umschiffen verstand! Sie hatte es mir versprochen, aber jetzt würde sie das Versprechen sicher zum Versprecher ummünzen, nicht umsonst riefen sämtliche Diät-Päpste der Welt andauernd: kein Alkohol beim Abnehmen! Finger weg von Wein, Weib und Getränk! (PS: Ich habe mich immer gefragt, wieso die Mittelmeer-Menschen bei ihrer erkennbaren Lust am Essen und Trinken nicht zu 100 Prozent unter Fettleibigkeit leiden. Guck' sie dir an: die leiden kein bisschen, und Prost!)

Übrigens, ich bekam mein Bier.

Bis kurz vorm Einschlafen wartete ich auf das Hungergefühl und die daraus resultierende schlechte Laune. Beides pflegte mich bei früheren Diäten spätestens um diese Stunde erstmals heimzusuchen.

Meine Frau wartete mit mir.

Hunger und schlechte Laune – wir warteten vergebens

Wir warteten vergebens. »Vielleicht kommt es ja morgen Abend«, tröstete ich mich, schließlich zählten Hunger und schlechte Laune zeitlebens zu den treuen Begleitern meiner Diäten, wer will schon gern auf gewohnte Leidensrituale verzichten?

Die Margarine, die sich ruhig Mager-rine nennen dürfte.

Merkwürdig, der Hunger ließ weiter auf sich warten, die laue Laune ebenfalls, dafür kam's zum ersten Date mit den mittelkettigen Fetten.

Mein erstes Date mit den »mittelkettigen« Fetten

Schlagen Sie zur Kontrolle noch mal Seite 76 auf: Stichwort MCT. »M« steht für mittelkettig, richtig?
Ich gebe zu, ich hatte keine Ahnung von der Existenz irgendeiner Mittelkettigkeit. Ich hatte allerdings auch keine Ahnung, dass ich all die Jahre vorher *lang*kettige Fette – LCTs – auf meine Brote strich. »Butter, normale Margarine, pflanzliche Öle liefern fast ausschließlich solche LCTs«, sagte meine Frau im Vollbesitz geistiger Überlegenheit, »und die Wege der Fette im Körper hängen entscheidend von der Länge der in ihnen vorkommenden Säuren ab, verstehst du?«
»Nun, ich ...«
»Ist doch ganz einfach: LCT-Fette enthalten langkettige Verbindungen mit rund 20 Kohlenstoffatomen, die besonders gern ins Fettgewebe wandern. Die MCTs – die mittelkettigen Fette – haben dagegen bloß zwölf Kohlenstoffatome und darum mit den menschlichen Fettpolstern nicht das Geringste im Sinn.«
»Toll. Aber wenn ich ehrlich bin, sind mir diese Atome ziemlich egal ...«

Wie die MCTs wirken? Sie schalten den inneren Turbo ein

»Undankbarer Kerl! MCTs helfen dir beim Schlankwerden! Sie schalten praktisch den Stoffwechsel-Turbo ein!«
»Her damit.«
Beim nächsten Frühstück stand die MCT-Margarine auf dem Tisch. Sah aus wie jeder andere Brotaufstrich:

leichtes Zitronengelb. War allerdings gut gekühlt. Deckel ab. Anfangs etwas hart beim Streichen. Erste Geschmacksprobe: angenehm, kein Unterschied zu den Lättas und Becels dieser Welt.
»Ich könnte doch, damit's wirkt, einfach gleich mit einem gehäuften Löffel loslegen«, schlug ich erfolgsorientiert vor.

Man soll seinen Stoffwechsel nicht überfordern. Also Zeit lassen mit der mittelkettigen Margarine

»Lass es«, sagte meine Frau. »Dein wertvolles Innenleben muss sich langsam an die MCTs gewöhnen. Es kennt ja nur die üblichen langkettigen Triglyceride. Sonst kriegst du Probleme, das kann bis zu Übelkeit und Durchfall führen. Schrittweise steigern ist am besten. Streich's auf dein Brot, genau so, als würdest du Butter verwenden. Das reicht einstweilen völlig.«
»Und wirkt trotzdem?«
»Uneingeschränkt.«
In den folgenden Tagen entwickelte sich mein Verhältnis zu den MCTs auf das Herzlichste. Ab und an ein leichtes Grummeln, aber keinerlei Beschwerden im Magen. Nun zählt mein Verdauungsapparat von Haus aus zur robusteren Sorte. Wer empfindlicher ist, sollte sich die MCTs vielleicht erst nach 14 Tagen gönnen, weil der Stoffwechsel schon wegen der diätbedingten Nahrungsumstellung anfangs anders rotiert.
Wie auch immer: Rechtzeitig aus dem Kühlschrank genommen, wurde die MCT-Margarine weicher, sprich: streichfähiger. Ich hatte mir erlaubt, neben dem Vollkornbrot auch Ciabatta-Brötchen zu kaufen, an denen mich eigentlich nur die Hülle interessierte, das pappi-

ge Innere rupfte ich heraus und überließ es den Vögeln. Der dünne MCT-Film bot eine feine Grundlage für Marmelade, Quark, Melonenscheiben oder wonach mir sonst noch der Sinn stand.

Ciabatta-Brötchen ohne das pappige Innenleben – lecker

Am Ende der ersten Woche wog ich – ohne den Hauch eines Hungers – vier Pfund weniger. Hatte die in Ketten gelegte Mager-rine daran schon mitgewirkt? Unwahrscheinlich. Man sollte den MCTs einen guten Monat Zeit lassen, befand meine Frau.
Ansonsten war sie stolz auf mich.

»12 g Eiweiß, 34 g Kohlenhydrate, 17 g Fett« – will man das wirklich bei jeder Mahlzeit wissen?

Ich war auch stolz auf mich. Obwohl mir diese neue Diät keinerlei heroische Entbehrungen oder komplizierte Zubereitungs-Kunststücke abverlangte. Im Grunde funktionierte das »Satt-ist-satt-Phänomen« von Anfang an ganz von selbst.
Und voller Verblüffung stellte ich fest: Die bei meinen bisherigen Schlankheitskuren übliche Fixierung auf die nächste Mahlzeit – Wann kriege ich sie? Ob's wohl schmeckt? Was, um Himmels willen, passiert, wenn ich das Essen überhaupt nicht mag? Und ist die ökotrophologische Mischung der Zutaten wirklich ausgewogen oder ernähre ich mich womöglich grässlich einseitig? –, sorry, diese Fixierung fand einfach nicht statt.

Früher hatte ich immer schon auf's nächste Essen gewartet. Und jetzt?

Vermutlich lag es daran, dass ich mich zum ersten Mal an keinen dieser vorgegebenen, minutiös ausgeklügelten Diät-Speisepläne halten musste.

Rezepte lesen und dann alles nachmachen – irgendwie öde, oder?

Wer einschlägige Abspeck-Erfahrungen hat, kennt die Last mit den Listen. Da steht's dann wie in Stein gemeißelt: Morgens nehmen Sie ein Käsebrot mit Radieschen zu sich (»2 Scheiben Sonnenblumenbrot mit 1 TL Salatcreme bestreichen, mit 2 – 3 Salatblättern und 1 Scheibe Schnittkäse - 30 g, 20 – 30 % Fett, belegen, 1 Bund Radieschen putzen, klein schneiden und darüber verteilen, abschließend mit Salz und Pfeffer würzen = 12 g Eiweiß, 34 g Kohlenhydrate, 2 g Fett«). Mittags gibt es Putengulasch mit Pilzen (»125 g Putenschnitzel würzen, 200 g Champignons putzen, in Scheiben schneiden, Fleisch in 1 TL heißem Öl anbraten, Champignons kurz mitbraten. 1 EL Crème fraîche und 50 g tiefgefrorene Erbsen zufügen, einmal aufkochen, mit Salz und Pffer würzen, $^{1}/_{2}$ Paket gemischte TK-Kräuter unterrühren = 38 g Eiweiß, 9 g Kohlenhydrate, 11 g Fett«). Und die kalte Mahlzeit am Abend: Kartoffel-Spinat-Salat mit Ei (»125 g Kartoffeln mit Schale garen. 1 Ei kochen. 150 g Spinat waschen, 125 g Möhren putzen und klein schneiden. Kartoffeln abgießen, pellen, in Scheiben schneiden. Mit Möhren und Spinat mischen. Aus 1 Tüte Fertigsaucenmischung ›Joghurt‹ mit $^{1}/_{2}$ Becher Magerjoghurt und $^{1}/_{2}$ Bund fein geschnittenem Schnittlauch eine Sauce rühren und darüber geben. Ei pellen, halbieren und dazu essen = 18 g Eiweiß, 47 g Kohlenhydrate, 8 g Fett«).

Fehlte bloß noch die Aufforderung: »Kauen Sie pro Minute 35 Mal und achten Sie auf Ihre Schluckfrequenz. Wer mehr als 30 Mal schluckt, riskiert Stauungen in der Speiseröhre« ...

Koch-unkundige Männer können mit Diät-Rezepten wenig anfangen

Vorher hatte ich nie darüber nachgedacht, aber im Grunde sind derartige Allerwelts-Diäten die reinste Nerverei. Die Zeit, die man nicht am Herd steht, verbringt man vorm Taschenrechner. Selbst enthusiastische Köchinnen müssen ob solcher Rund-um-die-Uhr-Anweisungen doch vor Frust in den Kochlöffel beißen, von der Millionenschar koch-unkundiger Männer ganz abgesehen. Und ich *bin* ein koch-unkundiger Mensch, und Rechnen war *nie* meine Stärke!

Lassen Sie mich's so ausdrücken: Ganz, ganz tief in meinem Herzen begann in diesem Moment ein ganz, ganz zartes Gefühl der Dankbarkeit zu keimen. Was ich als Versuchskaninchen zu testen hatte, war endlich eine Diät, bei der die Diktatur der Tagespläne abgeschafft war. Ich wusste, *was* ich essen durfte, ich wusste, dass es *kein* Mengenlimit gab, ansonsten galt: Schluss mit der Pflicht, es lebe die Kür!

Schluss mit der Pflicht – es lebe die Kür!

Womit wir, welch Zufall, bei den sportlichen Aktivitäten wären.

Das erfolgreichste Fitness-Studio hat 144 Stufen.

Ende der zweiten Woche – ich machte die sensationelle Entdeckung, dass mein Lieblingsgürtel neben dem letzten Loch noch vier andere besaß, und zwar landeinwärts – trieb ich die Bereitschaft zum Selbstversuch erstmals auf die Spitze.

Ich ging von der Tiefgarage bis in mein Büro zu Fuß und kam dort tatsächlich lebend an

Ich nahm auf dem Weg ins Büro von der Tiefgarage hinauf in den vierten Stock nicht den Fahrstuhl, sondern die Treppe.
144 Stufen.
Ich war außer Atem, außerdem war ich außer mir – vor Freude.
144 Stufen!
Zum letzten Mal hatte ich einen solchen Aufstieg in der Pubertät gewagt.
Oberschenkel und Waden taten noch tagelang weh. Ich pfiff drauf. Ich marschierte am anderen Morgen erneut das Treppenhaus hinauf, mein Büro lag immer noch in der vierten Etage, abends ging's zu Fuß wieder runter, ich überlegte dabei, was mich diese Tortur wohl im Fitness-Studio kosten würde.
Aber die Stufen waren nur der Anfang.

Und dann auch noch Frühgymnastik …

Hatte ich nicht vor Jahren regelmäßig Frühgymnastik gemacht? Kniebeugen, Liegestütze, Stretching in der Hocke? Vorm Duschen, fünf Minuten lang?
Doch, hatte ich.
Es war wider Erwarten mühsamer, als ich dachte. Und einen Moment lang – ich glaube, zwischen Kniebeuge 14 und 15 – bestand die Gefahr des vorzeitigen Abbruchs. Ich hörte trotzdem erst bei Beuge 20 auf. Und

überlegte anschließend während des Zähneputzens, ob mich ein bescheuerter innerer Zwang weiter hatte pumpen lassen, oder ob mir dies Herumpowern tatsächlich Spaß zu machen begann.

Als Nächstes war »Rope-Skipping« dran. Früher hieß das einfach Seilspringen

Ich sah in den Spiegel.
Mundwinkel nach oben. Also Spaß.
Und morgen würde ich die nächste Frühsport-Stufe zünden: Rope-Skipping. Kostenpunkt: ca. fünf Euro fürs Equipment. »Rope-Skipping« sagt Ihnen nichts? Na ja, früher hieß das ganz simpel Seilspringen, aber seit das Hüpfen auch bei Personal Trainern (50 Euro die Stunde) angesagt ist, muss das Kind tunlichst einen professionellen Namen haben. Skippen, las ich, pusht den Puls genau in jenen Frequenzbereich hoch, den der Body zum Abnehmen braucht (zur Erinnerung: 180 minus Lebensalter).
Ich im Clinch mit einem Seil und Handgriffen dran: Auch wenn es keine Augenzeugen geben würde, das konnte nur komisch werden, keine Frage.
Apropos Frage: Parkte mein Mountain-Bike eigentlich noch im Keller?
Einen kurzen Moment lang war mir dieser neu erwachte Bewegungsdrang fast peinlich.

Am besten, man schafft sich einen Hund zum Abnehmen an. Aber wenn dann bloß der Hund abnimmt ...

Dem Nachbarn von gegenüber – ein Endvierziger mit nahezu quadratischer Figur – fielen die Schrumpfungstendenzen meines Bauches als erstem auf.

»Sie wirken irgendwie ... irgendwo im Ansatz dünner«, sagte er mit Blick auf meinen mittleren Sakkoknopf, der neuerdings wieder den Weg ins dazugehörige Knopfloch fand. »Krank gewesen oder Absicht?«

Mein Nachbar probierte es mit der Politik der kleinen Schritte. Der sehr kleinen Schritte ...

Ich murmelte was vom glykämischen Index.

»Die Krankheit ist mir unbekannt. Schlimm?«

Ich hielt einen kurzen Vortrag über die Power-Diät für Männer.

»Ach so. Na dann: Willkommen im Club«, sagte er. »Ich bin auch dran, aber ich probiere es mit der Politik der kleinen Schritte.«

»Kleine Schritte?«

»Steht gerade in einem dieser Magazine. ›100 Volltreffer-Tipps gegen Fettpolster!‹ Die Summe bringt es.«

»Zum Beispiel?«

»Man nimmt die Butter morgens früher aus dem Kühlschrank. Dann lässt sie sich beim Frühstück dünner streichen, das spart pro Stulle fünf Gramm.«

»Ach.«

»Und bei Leberwurst, Teewurst oder Pasteten soll man auf die Butter ganz verzichten. Als Grundierung tut es auch Senf oder Paprikapaste.«

»Paprikapaste?«

Lieber 2 × Ketchup als 1 × Mayo?

»An der Pommes-Bude wird sich die Mayo obendrauf verkniffen, dafür lieber doppelt Ketchup nehmen.«

»Fantastisch.«

»Und man schafft sich am besten einen Hund an.«
»Wegen der Essensreste?«
»Weil Doggy-Walking ebenfalls Kalorien verbraucht. Herumspazieren, Stöckchen werfen und so. Und wenn das gute Tier an der Leine zerrt, erhöht das den Grundumsatz.«

Doggy-Walking. Das neue Wort für Gassigehen

»Den vom Hund?«
»Nicht zu vergessen: Autowaschen. Statt durch die Anlage zu fahren, selber zum Schwamm greifen.«
»Braucht man, damit das was bringt, einen größeren Fuhrpark?«
Der Nachbar stutzte, erwog sodann, den Beitrag noch einmal intensiver zu lesen. Auf jeden Fall würde er spätestens zum Wochenende mit dem Abarbeiten der »100 Volltreffer-Tipps« beginnen, und über die Erfolge auf dem Laufenden halten würde er mich selbstverständlich auch, versprochen.

100 Volltreffer-Tipps aus dem Lifestyle-Magazin – da muss man erst mal drauf kommen

Ich wählte in der Kantine Rotbarsch mit Gemüse, trank eine große Apfelschorle, auf den obligatorischen Keks zum Cappuccino konnte ich locker verzichten. Es passte einfach nichts mehr hinein.

> *»Nein, ich esse meine Suppe nicht!«*
> *Mit Verlaub: Der Suppenkasper war ein Vollidiot.*

Anfang der vierten Woche – ich weiß, viel zu spät – fing ich an, meinen Sinn für Suppen gezielt zu kulti-

vieren. Welch unglaublicher Lustgewinn da lauert …
Großstädte (in so einer wohnen wir) gebären pausenlos irgendwelche originellen Ess-Trends. Ich rede nicht von den Hamburger-, Pizza- oder Sandwich-Theken, meine auch nicht die Inflation der Sushi-Bars und Coffee-to-go-Shops mit ihren geheimnisvollen Italo-Kürzeln, nein, neu und kultig sind die herrlichen Suppenküchen, die es bald an jeder Ecke gibt.

Der Segen der neuen Suppenküchen

Wenn Sie vor einer stehen: sofort rein.
Wie weiter vorn nachzulesen, sind Suppen super Satt- und super Schlankmacher, weil die Zutaten zwangsläufig mit viel Flüssigkeit daherkommen und so das Volumen der Mahlzeit automatisch zunimmt. Aber, Leute, vergessen wir darüber doch nicht den tollen Geschmack: Suppen als *Lebens*mittel zu bezeichnen, wäre die Untertreibung des Jahrhunderts, für mich handelt es sich eindeutig um *Genuss*mittel, damit das mal klar ist!

Kein Lebens-, sondern ein Genussmittel

Die neuen Suppenküchen haben meistens gut ein Dutzend verschiedene Angebote, mehr als drei, vier Euro kostet keine Suppe. Mein Lieblingsladen z. B. serviert seine Köstlichkeiten in großen Suppentassen, und wenn du dir Zeit lässt beim Genießen, die Zutaten mit bedächtiger Andacht kaust, bist du erst nach zehn Minuten damit durch und resistent gegen alle weiteren Essensgelüste.
Ich hatte mich an zwei, drei Tagen pro Woche von der Minestrone über die Tomatensuppe bis zur Kohlrabi-Spargel-Kreation vorgearbeitet, zwischendurch mal

die schlichte Hühner-, mal die einfache Rinderbrühe probiert, je nach Lust und Laune nebenbei ein kleines Brot geknabbert. Trinken musste ich zu den Suppen nichts, dafür standen genug große Flaschen Mineralwasser auf meinem Schreibtisch, vormittags eine, nachmittags eine, alles in allem – Tee, Kaffee und Apfelschorle, nicht zu vergessen das abendliche Entspannungs-Bier – rannen inzwischen über drei Liter pure Flüssigkeit pro Tag durch mich hindurch, und ich kann nicht behaupten, dass ich drunter litt.

Viel trinken entschlackt und ist gut für die »alternde« Haut

»Viel Trinken entschlackt«, lobte meine Frau. Ich nickte wissend. »Und außerdem, Schatz, ist viel Trinken gut für die alternde Haut«, fügte meine Frau fröhlich hinzu.

»Meine Haut kennt kein Altern!«

»Sondern?«

»Ich veranstalte deine Jungbrunnen-Diät, hast du das vergessen?«

Hatte sie natürlich nicht. Im Gegenteil. Um meine Suppenkasper-Euphorie zu krönen, warf sie freiwillig den Herd an und zauberte vor meinen Augen einen Riesentopf jener legendären »Magic Soup« zusammen, deren Fett-killende Wunderkraft der Biostoffe selbst von den allernörgeligsten Diät-Skeptikern gerühmt wird.

Die Magic Soup: Das einzige Rezept dieses Buches!

Was landete da nicht alles unter einem Deckel! Ich beobachtete fasziniert, wie meine Frau Weißkohl und Wirsing, Zwiebel, Möhren, Kohlrabi, rote und gelbe Paprika klein schnippelte, in Öl andünstete, mehr als einen Liter Wasser drüber gab, das Ganze kurz aufkochte, anschließend noch Instant-Zwiebelsuppe einrührte, den Mix dann erneut, diesmal gut zehn Minuten lang, kochen ließ und schließlich mit Salz abschmeckte.

Benotung wie beim Eiskunstlauf: 5 × die Note 6,0

Wir löffelten bis zum Abwinken, und wenn ich, wie beim Eiskunstlauf, Tafeln mit der Benotung hochzuhalten gehabt hätte, es wäre fünf Mal die 6,0 gewesen.

»Lässt sich gut portionsweise in den Kühlschrank tun und mit immer neuen Würzungen versehen«, sagte meine Frau hinterher.

Schwang da in ihrer Stimme nicht jede Menge Magic mit?

»Mal kommt ein wenig Apfelessig und gehackte Zitronenmelisse hinzu, mal Tomatenmark oder Basilikum, Knoblauch geht auch, Schnittlauchröllchen, Sojasauce, alles Mögliche.«

Ich schwör's, wir hatten noch einen zauberhaften Abend.

> *Die Frage nach der Waage:*
> *Warum steht eigentlich überall, man möge sie höchstens 1 x die Woche benutzen?*

Frage: Sind Sie ein charakterlich gefestigter Mensch?

Ich tat's täglich. Vom Beginn der Power-Diät an. Um das auszuhalten, sollte man allerdings zur Kategorie der charakterlich gefestigten Menschen zählen. Nun,

da Sie mich bereits ein wenig kennen gelernt haben, werden Sie mir ja wohl abnehmen, dass dem so ist. Ergo kann ich endlich vom Wiegen schreiben, ohne dass ich mich lächerlich mache.

Dass heißt, natürlich werde ich mich gleich lächerlich machen, aber Sie werden es mich hoffentlich nicht spüren lassen.

Es war nämlich so: Wir besitzen eine dieser auf Seite 36 beschriebenen Waagen, die einem nicht nur das Gewicht, sondern genauso prompt den Fettanteil des Körpers mitteilen. Vom Design her hatte mir das Teil schon im Kaufhaus gefallen, und solange es in unserem Badezimmer allenfalls optisch relevant war, konnte ich auch durchaus wohlgefällig draufschauen.

Der Schock traf mich wie ein Schuss aus dem Hinterhalt.

Es ging nicht um die Kilozahl. Seit meinem letzten ärztlichen Check-up wusste ich's: 98. Und unser fein gestyltes Exemplar im Bad bestätigte die 98 auf Anhieb. So weit, so gut.

Mein Körperfett-Premieren-Auftritt war ein Schock

Dann aber fand mein Körperfett-Premieren-Auftritt statt. Wie gesagt: es war ganz am Anfang, zum Start der Power-Diät. Ich gab die personenspezifischen Daten ein, platzierte meine Füße ordnungsgemäß auf den dafür vorgesehenen Sensorenfeldern, und kaum flackerte im Display »25,6%« auf, griff ich nach der Bedienungsanleitung.

Die lag im Regal über der Waage. Meine Frau hatte die Tabelle mit den Standardwerten dort aufgeschlagen

hingelegt. Ich nahm die Seite zur Hand und suchte unter »25,6%«. Ich stellte mit wild klopfendem Herzen fest: gemessen an meinem Alter war das ein Super-Prozentsatz!

Warum, zum Teufel, sollte ich dann überhaupt noch abnehmen?

»Du bist«, sagte meine Frau und sah mir, auf Zehenspitzen balancierend, über die Schulter, »leider auf der falschen Seite gelandet.«

Mein Körperfettanteil auf der Waage: ideal – wenn ich eine Frau wäre ...

»Wieso? Hier steht es doch: ›Körperfettanteil in Prozent‹, und mein Prozentwert ist ...«

»Du hast die Tabelle für Frauen erwischt«, sagte meine Frau in mildem Tonfall.

Ich: »Na und? Körperfett ist Körperfett ...«

Wortlos nahm mir meine Frau die Bedienungsanleitung aus der Hand und blätterte auf die nächste Seite um. Obendrüber stand MÄNNER.

»Wie war dein Wert nochmal?«

Ich mach's kurz: In dieser Tabelle rangierten die 25,6 Prozent weder unter »Positiv« noch unter »Akzeptabel«, sondern gerade mal unter »Aufpassen«, mit gefährlicher Nähe zur Spalte »Aktiv werden«.

Als Mann bekam ich die Warnung: »Aufpassen«

»Das ist ungerecht!«, stieß ich hervor.

»Wir Frauen haben 15 bis 20 Prozent mehr Körperfett, Schatz. Von Natur aus.«

»Vielleicht will meine Natur das auch!?«

Da ich – siehe oben – zu den charakterlich gefestigten Menschen gehöre, stieg ich fortan jeden Morgen nach der WC-Visite auf unsere Designer-Apparatur. Nur so,

davon war (und bin) ich überzeugt, entwickelt man eine innige Beziehung zu seinem Körper, kann man den Veränderungen der Werte meditativ nachspüren, vermag man die Wechselwirkung zwischen Nahrungsaufnahme, interner Umschlagsgeschwindigkeit und Waagenanzeige zukunftsorientiert in Einklang zu bringen.
Auf gut Deutsch: täglich wiegen macht sensibel.

Täglich wiegen macht sensibel. Es gibt Schlimmeres

Was dir durch den Kopf geht, wenn es um den Bauch geht.

Einen Monat nach Diät-Beginn hatte ich zehn Pfund weniger, der Körperfettwert war auf 24,9 Prozent gesunken. Ich trug die ersten Klamotten der A-Phase schon mal in die Reinigung.
»Alarm in den USA«, stand fett in der Samstags-Zeitung, »neuesten Statistiken zufolge sind zwei von drei Amerikanern übergewichtig. Jährlich sterben rund 300 000 US-Bürger an den Folgen der Fettleibigkeit. Damit steht Fettleibigkeit an zweiter Stelle hinter nikotinbedingten Todesfällen.«

»Zwei von drei Amerikanern sind übergewichtig. 300 000 sterben jährlich daran.«

Ich stieg auf mein Mountain-Bike und fuhr 20 Kilometer am Stück. Die frische Luft, das freie Durchatmen, das Spiel unverkrampfter Muskelaktivitäten – bis vor kurzem noch hatte ich Bewegung vor allem als Anstrengung empfunden. Und nun? Mit jedem Pfund, das

Mit jedem Pfund, das man verliert, fühlt man sich besser. Und stolz. Dabei wird's einem wirklich leicht gemacht

dahinschmolz, spürte ich mehr von dem, was »Power« meint – Energie, die einem nicht den Rücken kehrt, sondern zurückkehrt aus den Tiefen träger Fettpolster. Wer abnimmt, wird pathetisch. Tut mir Leid. Streichen Sie einfach die letzten paar Zeilen.

(Kurzer Selbst-Dialog: Aber natürlich ist da etwas dran – mit jedem Pfund, das du verlierst, fühlst du dich besser. Körperlich und mental. Du bist auf dem richtigen Weg. Stolz? Dafür wird es dir bei dieser Diät eigentlich zu leicht gemacht. Worin besteht deine Leistung? Im Durchhalten? Was musst du schon großartig durchhalten. Du hungerst nicht. Was immer du isst oder trinkst, du magst es. Deinen Körper ein bisschen auf Trab bringen, herrjeh, das tut wohl und nicht weh. Und dass der Kopf dabei zusehens klarer wird, verschweig' es besser, glaubt dir sowieso niemand, der's nicht am eigenen Leib gemerkt hat.)

Mein Nachbar, der quadratische, rief an und erzählte, er sei inzwischen bis ins zweite Dutzend der Fettpolster-Erfolgstipps vorgedrungen.

»Betrifft das abendliche Fernsehen. Man soll nicht schlapp im Sofa hängen, sondern dabei hanteln.«

»Sie meinen: handeln.«

Mein Nachbar stemmt Hanteln. Abends vorm Fernseher

»Nein, hanteln. In jede Hand ein fünf bis zehn Kilo schweres Gewicht nehmen. Hinstellen. Arme dicht an der Körper-Outline hängen lassen. Dann Unterarme 15 bis 20 Mal heben und senken. Bizeps-Curls nennt man das.«

»Gilt das für jede Art von TV-Programm?«

»Nicht fürs Werbefernsehen. Da greift ein anderer Erfolgstipp nachhaltiger.«
»Nämlich?«
»Zur Prime Time wimmelt der Schirm nur so von Schokoladen-, Müsliriegel- und Eissorten-Spots. Sofort wegzappen, damit man nicht wie hypnotisiert zum Kühlschrank rennt!«
»Das ist echte Lebenshilfe.« Mehr fiel mir im Moment nicht ein. Doch. Diese Frage: »Wie viel haben Sie bisher eigentlich schon runter?«
»Wissen Sie, ich stehe noch ganz am Anfang. Man muss sich zunächst intensiv einlesen.«
Wir versicherten uns gegenseitiger Wertschätzung und plädierten für weiteren Informationsaustausch.

Einer der 100 Erfolgstipps aus dem Magazin: Keine Werbespots gucken. Wegen der Reklame für Müsli-Riegel und Eiscreme

Ich habe über die Stränge geschlagen. Die totale Völlerei! Aber ich tat's für die Wissenschaft!

Mitte des zweiten Monats meiner Versuchskaninchen-Karriere hatten sich gewisse Vorlieben bei den einzelnen Mahlzeiten herauskristallisiert.
Morgens – nach der Kniebeugen-Liegestütz-Stretching-Gym, dem schweißtreibenden Seilspringen und eigenkreierten Bauch-Beuge-Übungen – brauchte ich meine Kiwi (Vitamin-C für den ganzen Tag), einen Mega-Muntermacher-Drink (à la Holunderbeersaft plus Mineralwasser gemixt mit einem Hauch Marien-

Eine Kiwi am Morgen vertreibt alle deine Sorgen ...

diestelsaft), so etwas wie einen Trauben-Frühstücks-flocken-Salat oder Gurkenrohkost, ein Vollkorn- oder Ciabatta-Brötchen (das pampsige Innenleben raus), Kaffee oder Tee mit Milch und Süßstoff, ab und an einen Joghurt mit Vanille- oder Aprikosen-Geschmack.

Nicht vergessen: Seefisch enthält Omega-3-Fettsäuren

Mittags – Sie ahnen es – war mir meistens nach einer der feinen Suppen auf Brühe-Basis, zwei-, dreimal die Woche auch nach Fisch (am liebsten Hecht oder Heilbutt, Scholle, Zander, immer mal wieder Rotbarsch, aber selbst bei Meeresfischen mit ein wenig mehr Fett – in den arktischen Gewässern ist's kalt, da brauchen die das – schlug ich bedenkenlos zu, schließlich enthält Seefisch wertvolles Eiweiß und die Herz- und Kreislauf-günstigen Omega-3-Fettsäuren). An der Salatbar wurde ich von jeder Schüssel längst persönlich begrüßt. Gab es gekochte Kartoffeln – Pellkartoffeln sind Kantinen-Exoten –, konnte ich genauso wenig widerstehen wie bei Geflügel: Hähnchenbrust (ohne Haut, versteht sich) zog mich magisch an.

Abends, daheim, zog ich die Schwangeren-Show ab: ein netter Sellerie-Krabben-Salat – wunderbar. Brot mit Putenbrust – nahezu unwiderstehlich. Dazu ein, zwei Tomaten, pur und leicht gepfeffert – klasse. Aber das Größte waren die Gurken! Ich konnte sie als Salatgurke, in dünne Scheiben filetiert, aufgabeln, als Cornichons wegknabbern, das Gegurke nahm und nahm kein Ende. Die wieder erwachende Gier nach den ganz einfachen Gelüsten. Ein Fall für Dr. Freud?

Gurken sind das Größte – die Gier nach den ganz einfachen Gelüsten

»Ich hab dich jetzt lange genug vor Diät-gefährdenden

Einladungen abgeschirmt, Schatz«, bemerkte meine Frau nach dem abschließenden Feierabend-Bier eher beiläufig, »dafür gehen wir morgen auf diesen Empfang im ›Vier Jahreszeiten‹, und dort darfst du endlich mal wieder richtig aus der Rolle fallen.«

Völlerei – ein ganz legales Experiment im Rahmen der Diät

Mir fiel die Gurke aus der Hand.

»Über die Stränge schlagen«, ergänzte sie, »hemmungslos.«

»Redest du etwa von dem Abbruch meiner Diät? Kommt gar nicht infrage!«

»Ich rede von einem Experiment im Rahmen deiner Diät, Schatz.«

»Etwas Ähnliches wie ein kleiner Exzess?« Hörte sich spannend an.

»Könnte man so formulieren.«

Die Veranstaltung war einer jener Wichtig-Wichtig-Events, bei denen sich viele VIPs wenig zu sagen haben. Das Büfett aber entpuppte sich als geradezu glamourös, und als meine Frau der Fülle der Desserts ansichtig wurde, blühte sie regelrecht auf – für mich, wohlgemerkt.

»Konzentriere dich bitte aufs super Sündhafte«, bat sie mit Nachdruck, »Linzer Torte, gefüllte Windbeutel, Käsekuchen, Tiramisu, Mousse au Chocolat, Sahnecreme. Ich tat mein Bestes. Aber es war nicht genug. Kurz vor Verlassen der Veranstaltung musste ich zur Strafe noch von der Gänseleberpastete kosten. Fragen Sie mich nicht, wie es mir anderntags ging. Fragen Sie lieber, was das sollte.

Torte, Mousse au Chocolat, Gänseleberpastete. Es musste sein ...

Die Antwort lautet: Mein geschundener Körper sollte sich selbst überlisten.

Nach einem Gelage produziert der Körper das Eiweiß-Hormon Leptin – tut er's auch bei dieser Diät?

Und zwar mithilfe des Leptins. Das ist nichts Unanständiges, das ist lediglich ähnlich kompliziert zu erklären wie die Wirkungsweise der mittelkettigen Kohlenstoffatome bei der MCT-Margarine. Man braucht das Ganze auch überhaupt nicht zu kapieren. Es reicht zu wissen: »Nach einem hemmungslosen Gelage produziert der Körper im Fettgewebe ein Eiweißhormon – eben dieses Leptin –, und das ermuntert das Gehirn, auf die Hungerbremse zu treten und erst mal das angelagerte Fett zu verbrauchen«, so meine Frau voller Vorfreude. »Genial, nicht? Man verspürt dann in den folgenden Tagen irgendwie keine besondere Lust aufs Essen, und der Körper tut so, als hätt's das große Fressen nie gegeben – das Ende vom Lied: trotz Völlerei kein Gramm mehr auf der Waage!«

»Schön, schön«, gab ich zu, »aber wenn das so ist, warum muss ich's dann erst mühsam austesten?«

»Weil dieses perfekte Regelsystem bei den meisten Schlankheitskuren streikt«, freute sich meine Frau. »Ich bin aber überzeugt davon: bei unserer ›Satt-ist-satt‹-Power-Diät wird der Stoffwechsel nicht aus dem Gleichgewicht gekippt – du wirst es sehen.«

Sie behielt Recht. Ich hatte zwei Tage lang kaum Appetit. Und die Waage meldete keinen Rückfall, sondern ein halbes Pfund weniger.

Es lebe das Leptin.

Mein Gewicht geht runter, meine Kondition geht rauf, und Eisbergsalat geht eigentlich gar nicht.

Unser Nachbar war bei seiner Politik der kleinen Schritte »schon sehr weit fortgeschritten«, wie er mir erzählte, als wir uns morgens auf dem Parkplatz trafen.

Jogginghosen schaden beim Diäten. Weil sie einfach zu bequem sind, sagt das Lifestyle-Magazin

Ungewöhnlich, dass er trotz seiner kompakten Außenmaße eine enge Jeans trug, die ziemlich bewegungshemmend wirkte.

»Ich habe meine weiten Sachen aus dem Verkehr gezogen«, sagte er triumphierend.

»Wegen Ihrer Fortschritte beim Abnehmen?«

»Nein, sowas dauert bekanntlich. Aber einer der Anti-Fettpolster-Erfolgstipps lautet: ›Nicht immer in der Jogginghose herumlaufen, eine derartige Garderobe verleitet dazu, sich allzu wohl zu fühlen. Engere Kleidung sendet dagegen Zwick-Signale aus, und die stimulieren den Durchhaltewillen.‹«

»Überzeugend.«

»Außerdem soll man sich möglichst oft Gäste einladen«, fügte er noch schnell hinzu, »auch einer der Erfolgstipps: Wenn Besuch kommt, ist das jedes Mal ein willkommener Anlass, die Wohnung vorher auf Hochglanz zu bringen.«

Und noch ein erstaunlicher Erfolgstipp: Putzen macht schlank

»Mit anderen Worten: Putzen macht schlank?«

»Genau! Wer die Fenster wienert, Staub saugt, ab-

wäscht, verbraucht in zwei Stunden 500 Kalorien! Hätten Sie das gedacht?«

Wer erfolgreich abnimmt, läuft Gefahr, zum Missionar zu werden ...

»Niemals! Und nun sind Sie also unentwegt im Haushalt tätig, um ...«

»Ich bitte Sie, das ist wirklich Sache meiner Frau.«

Im Büro hatte man sich daran gewöhnt, dass ich missionarische Tagessprüche zum Besten gab: »Zu viel Cholesterin verkürzt das Leben«, »Dicke denken träge« und so weiter. Betrat ich einen Raum, in dem gerade jemand in irgendetwas biss, verschwand das betreffende Teil sofort in der nächstbesten Schublade.

Das gab mir dann doch zu denken.

Bei meiner Treppensteigerei hatte ich inzwischen die nächste Ebene der Eskalation erreicht. Die ersten 72 der insgesamt 144 Stufen von der Tiefgarage in den vierten Stock bewältigte ich nunmehr im Laufschritt.

Apropos laufen: Muss ich demnächst bis in den 6. Stock rennen, obwohl ich nur in den 4. will?

›Wenn das so weiter geht‹, überlegte ich ernsthaft, ›muss ich demnächst bis in den sechsten rennen und anschließend mit dem Fahrstuhl zwei Etagen zurückfahren.‹

Macht abnehmen blöd?

Die anderen Änderungen in meinem Verhalten waren weniger beängstigend. Ich kaute bei allem, was ich aß, langsamer und ließ meinem Gaumen mehr Zeit, feinste aromatische Unterschiede wahrzunehmen. Ich entdeckte, dass verschiedene Mineralwässer tatsächlich unterschiedlich mundeten, dass Eisbergsalat zwar ungeheuer knackig ausschaute, aber ungeheuer fad schmeckt, und dass nicht jedes Fast-Food-Produkt von

vornherein diät-untauglich war: Chicken McNuggets zm Beispiel, von ihrer Panadenhülle befreit, dazu eine Cola light – okay, Guys, gebongt!

Fast-Food-Chicken und Cola light - o. k.!

Zwei Monate sind rum – und Kurt findet, dass meine Badehose zu groß ist.

60 Tage nach Start meiner Power-Diät-Testerei. Ich stand zum ersten Mal wieder mit Rolf und Kurt am Rand des 50-Meter-Beckens der Schwimmhalle, und Kurt stutzte und sagte: »Auch wenn ich vorm Reinspringen immer die Brille wegschließe und dann kaum noch Männlein und Weiblein unterscheiden kann – du hast eine neue Badehose!«
Ich schüttelte den Kopf, was er wegen der fehlenden Brille nicht bemerkte.
»Aber die ist dir zu groß«, sann er als Nächstes, »war's 'n Sonderangebot?«
»Ich fürchte«, meldete sich Rolf pragmatisch zu Wort, »wegen der Weite bremst die im Wasser gewaltig.«
Seit etwa 30 Jahren trafen wir uns, wenn irgend möglich, einmal die Woche montags zum 500-Meter-Schwimmen. Das heißt, eigentlich trafen wir uns ja zum Essen. Das Schwimmen vorher nahmen wir billigend in Kauf. Letzthin waren die Pausen zwischen den Montagen immer länger geworden. Zu viel zu tun, das alte Lied.

Wenn Freunde anfangen, genauer hinzugucken ...

»Wir müssen wieder regelmäßiger ran«, murmelte Kurt, »dann hätten wir den Kauf deiner Großraum-Badehose verhindern können.«

Heute war so eine Art Jubiläum: 15 Pfund runter!

»Es ist die selbe Hose wie vorher«, gab ich beleidigt zu Protokoll, »warum merkt ihr Trottel nicht: ich habe *abgenommen*!«

Genau 15 Pfund – Stand von 7.30 Uhr am Morgen.

Den »Trottel« fanden sie entwürdigend, da fanden sie es nur fair, dass ich auf den Gewichtsverlust hinterher einen ausgab. Kurt – mindestens zehn Kilo over-sized – wollte wissen, ob ich mir vorstellen könnte, dass er vielleicht ebenfalls ..., »Du erinnerst dich, ich hab's schon oft versucht, aber ...«

Wir kamen unter Punkt 1 der Tagesordnung überein, ab sofort wieder jeden Montag anzutreten, nicht 500, sondern 800 bis 900 Meter stramm zu schwimmen, und meine Badehose durfte ich auch weiter benutzen.

Mein Set-Point gerät in Bewegung.
Bisher wusste ich nichts von seiner Existenz.

An meinem Lieblingsgürtel war das mittlere von fünf Löchern erreicht

Sich eingehend im Spiegel zu betrachten, das ist, wenn man nicht gerade George Clooney heißt, nur selten ein ungetrübtes Vergnügen.

Aber nach zwei Monaten (an meinem Lieblingsgürtel hatte ich längst das mittlere von fünf Löchern erobert) besaß ich die Chuzpe.

Es hätte schlimmer sein können. Die Rückkehr dessen, was unter dem Begriff »Taille« firmiert, lief auf vollen Touren, die Bauchnabel-nahe Körperregion – Sie erinnern sich, dass ich sie am Anfang als »leicht hügeliges Terrain« beschrieb, »keineswegs wie ein Berg, eher wie eine Bodenerhebung, die das Gesamtbild einer ansonsten durchaus sehenswerten Landschaft reizvoll akzentuiert« –, die Bauchnabel-nahe Körperregion also wies bereits deutliche Anzeichen einer Ebene auf, und links und rechts davon, unter den Rippenbögen, bildeten sich sogar schon kleine Talsenken, sprich: Kuhlen. Ich nahm vor mir selber Haltung an.

Die Rückkehr der Taille lief auf vollen Touren

»Locker bleiben.« Wie von ungefähr warf meine Frau einen züchtigen Blick ins Bad und einen unzüchtigen auf meine Leibesmitte.

»Nicht mehr lange, und du hast ihn erreicht«, sagte sie dann mit Kennermiene. Ich wusste nicht, wer »ihn« war, guckte entsprechend ratlos, fühlte mich aber geschmeichelt.

»Ich rede von deinem Set-Point, Schatz.«

»Nett von dir. Wo sitzt er denn?« Ich sah an mir herunter.

»Der Set-Point ist das, was dabei rauskommt, wenn sich der Körper bei gleich bleibender Energiezufuhr gewichtsmäßig auf dem ihm gemäßen Level einpendelt. So eine Art fein abgestimmter Balance-Punkt zwischen Energieaufnahme und Energieverbrauch. Die Chinesen würden behaupten: dann hast du deine Mitte gefunden!«

Der Set-Point bedeutet, man hat seine Mitte gefunden (würden die Chinesen sagen)

Der Körper beschloss, das Gewicht und den Set-Point abzusenken

»Die Chinesen müssen noch ein wenig warten.« Ich dachte an die letzten fünf Pfund.
»Normalerweise gilt: die üblichen Hunger-Diäten treiben den Set-Point nicht im Geringsten nach unten, weil der Körper nach Ende der ›Notzeit‹ bekanntlich so schnell wie möglich sein Ausgangsgewicht wieder erreichen will. Aber du hungerst ja nicht, isst stattdessen vernünftiger und aktivierst deinen Stoffwechsel zugleich durch mehr Bewegung, folglich entschließt sich dein Körper, Gewicht und Set-Point aus langfristig ökonomischen Gründen abzusenken ...«
» ... und wenn sie nicht gestorben sind, dann leben sie noch heute – auf ewig schlank.« Als Mensch, der bis eben noch keine Ahnung von seinem ganz persönlichen Set-Point hatte, konnt' ich mir die Bemerkung einfach nicht verkneifen.
»Jetzt wirst du aber unseriös«, sagte meine Frau und strich mir wohlgefällig über den verlängerten Rücken.

Thunfisch tut nichts. Mein Nachbar tut auch nichts.

Der quadratische Mann von nebenan war zu seinem Jogging-Outfit zurückgekehrt.
»Der Enge-Hosen-Erfolgstipp hat mir auf Dauer nicht gefallen«, rief er herüber, »aber der nächste ist echt großartig.«
»Verraten Sie ihn mir?«

»Ja. Stehen.«
»Ich versteh' nicht ganz.«
»Stehen. Raus aus dem Sessel, runter vom Bett.«
»Aha.«
»Schon eine Stunde auf den eigenen Füßen stehen verbraucht 100 Kalorien. Hätten Sie das gedacht?«

Eine Stunde Herumstehen verbraucht 100 Kalorien, schreibt das Magazin

»Nun ...«
»Und erst Anti-Fettpolster-Erfolgstipp Nummer 91! Absolut Paar-orientiert!«
»Hört sich gut an.«
»Ich sage nur: Kissenschlacht.«
»Sagen Sie ruhig mehr, ich habe Zeit.«
»Kissenschlachten bringen einen extrem ins Schwitzen, behauptet das Magazin. Herumbalgen wie die Kinder, inklusvie Laken-Ziehen. Die Kalorien rauschen nur so davon.«
»Erst recht, wenn man es im Stehen erledigt, nehme ich an.«
»Im Stehen?« Mein Nachbar schlug sich vor die Stirn. »Mein Gott, gleich doppelte Wirkung! Warum bin ich nicht selbst drauf gekommen? Danke!«
Leute, die abnehmen wollen, müssen zusammenhalten.
Ich drückte ihm einen Zettel in die Hand, den ich meinem Set-Point zuliebe ausgefüllt hatte. Und zwar, um allen nur denkbaren Anfechtungen auf der Satt-ist-satt-Zielgeraden aus dem Wege zu gehen und zugleich einen Snack-Check für die Zeit danach parat zu haben. Die kleinen Highlights (mit Betonung auf

Es gibt Snacks, die total harmlos sind

Von Gummibärchen bis Russischbrot – alles erlaubt

»light«), die da unter der Überschrift »So gut wie fettfrei« draufstanden, reichten von Fruchtmolke, Dickmilch und Trinkjoghurt bis Harzerkäse und Limburger, von Gemüse- und Geflügelsülze bis Lachsschinken ohne Fettrand, von Krabben bis Thunfisch im eigenen Saft, von Gummibärchen bis Salzstangen und Russisch Brot (in der berühmten Buchstabenform), von Fruchtmarmelade bis Pflaumenmus, von Sojasauce bis Balsamico-Dressing, von Cappuccino mit Milch bis Götterspeise Geschmacksrichtung Waldmeister.

Alles Sachen, die nichts machen.

Mein Nachbar bedankte sich herzlich, wollte aber trotzdem erst seine Erfolgstipps zu Ende bringen.

Wieso nehme ich nicht weiter ab?
Weil ich – Sie lesen ganz richtig – Muskeln kriege.

An diesem Tag passte mir zum ersten Mal wieder eine Hose aus der A-Kollektion

Tag 74 als Versuchskaninchen war der Tag des Herrn. Ich passte wieder in die erste Hose aus meiner A-Phasen-Kollektion.

Wegen des feierlichen Anlasses überreichte ich meiner Frau eine einzelne rote Rose.

Die Waage im Designer-Look meldete die endgültige Unterschreitung der 90-Kilo-Barriere sowie einen Körperfettanteil von 24,9 Prozent, und mein Body-Mass-Index lag erstmals diesseits der Grenzlinie von »leicht übergewichtig« zu »normal«.

Meine Frau stopfte mir die Rose ins Revers und sagte: »Bei jeder üblichen Diät wäre das eine brenzlige Situation, ist dir das klar? Die meisten Männer würden sagen: ›90er-Marke geknackt, tolle Sache, lassen wir's gut sein. Die paar Pfund, die ich eigentlich noch loswerden wollte, da pfeif' ich doch jetzt drauf.‹«

Noch fünf Pfund. Durchhalten. Rein in die Zielgerade!

»Die Messlatte liegt bei 87,5 Kilo, ich hab keine Lust, mich zu blamieren.«
»Vor mir?«
»Vor mir.«
Ich tat willensstark, dabei war meine Abnehmerei längst ein Selbstgänger. Ich hatte nach wie vor nicht das Geringste dabei auszustehen. Fühlte mich energiegeladen, kam mir inzwischen glatt zehn Jahre jünger vor, das Sodbrennen, das Völlegefühl, all die typischen Zipperlein von früher, waren einfach kein Thema mehr. Mein Internist, der mich noch mit fast 100 Kilo in Erinnerung bzw. in seinem Computer hatte, meldete stark verbesserte Cholesterinwerte. »Wenn das so weitergeht«, konnte er sich nicht verkneifen zu lästern, »werden Sie noch kerngesund. Wie langweilig.«
Witzbold.

Mein Internist fürchtete, ich könnte noch kerngesund werden

»Nach Angaben der ›Apotheken-Rundschau‹«, stand in der Morgenzeitung, »sind 56 Prozent der Männer in Deutschland übergewichtig.«
›55 Prozent‹, korrigierte ich in Gedanken, ›und in zwei Wochen könnt ihr mich ganz von der Liste streichen.‹
Aber merkwürdig: die letzten vier Pfund taten so, als gingen sie meine Pläne nichts an. Ich aß und trank

weiter wie bisher, forcierte die körperlichen Aktivitäten noch ein wenig – wenn man nach Feierabend Luft schnappen will, kann man das auch im leichten Trab tun, wenn man schon einen Kamin hat, kann man das Holz dafür auch eigenhändig hacken –, trotzdem weigerte sich unsere Waage, unter 89 Kilo zu sinken.

Die Erklärung ist ganz simpel: Stagnation, weil neue Muskeln auch was wiegen

»Das Ding ist kaputt«, behauptete ich nach einer Woche messtechnischer Regungslosigkeit düster.

Meine Frau sagte daraufhin etwas, das sich wie »Schatz, dein Gewicht stagniert, weil du eine bessere Figur kriegst« anhörte.

Moment! Bitte jede einzelne Silbe wiederholen! Ich kriege *was*?

»Muskeln.« Sie tippte gegen meine Oberarme. »Hier zum Beispiel. Und an den Oberschenkeln, den Waden ebenfalls. Nicht besonders auffällig, aber mit den Augen der Liebe nicht zu übersehen. Weil du, im Unterschied zu vorher, insgesamt aktiver und viel mehr in Bewegung bist. Aber Muskeln wiegen schließlich auch, das muss man praktisch dagegenrechnen.«

Ich umarmte sie dankbar.

Fettarm – warum wissen Kellner und Wirte in diesem Punkt nicht so richtig Bescheid?

Mein Erfolgstipp-Nachbar ging mir neuerdings aus dem Weg.

Als wir uns wider Erwarten morgens beim Bäcker trafen – der Mann kaufte Croissants (armer, irregeleiteter Konsument versteckten Fettes!), ich ein halbes, herrlich duftendes Vollkornbrot in dünnen Scheiben –, fixierte er mich von oben bis unten und sagte: »Nun ist aber langsam genug, oder?«

Mein Nachbar fing an, mich zu schlank zu finden. Ausgerechnet!

»Noch zwei, drei Pfund.«

Er war offensichtlich schon im Supermarkt gewesen. An beiden Händen hingen Riesentüten, und er schien schwer daran zu tragen. »Auch einer der Erfolgstipps aus dem Magazin«, erklärte er mit deutlicher Genugtuung in der Stimme, »kein Auto benutzen, zu Fuß einkaufen und die Essenssachen dann brav nach Hause schleppen! Verbraucht Kalorien en masse!«

»Um Light-Produkte handelt es sich demnach nicht?«

Matter Scherz, ich geb's ja zu.

Anschließend linste ich in eine der Riesentüten. Obendrauf lagen Chips- und Kräcker-Packungen.

»Sanfter Entzug ist angesagt«, gab mein Nachbar zum Besten. »Jeden Tag ein paar Chips weniger, dafür umso mehr Zungenküsse.«

»Zungenküsse?«

»Einer der finalen Fettpolster-Erfolgstipps: Wissen Sie, wie viele Muskeln sich in Ihrem Kiefer anspannen, wenn Sie zum Nahkampf übergehen?«

»Eine halbe Stunde Zungenküsse & Co. verbrauchen 120 Kalorien«

»Nnnn ... ein.«

»34! Und eine halbe Stunde Zungenküsse & Co. bringt 120 Kalorien!«

»Phänomenal. Ich werd's meiner Frau berichten.«

Ich tat es tatsächlich, abends, als wir uns mit Freunden bei »Luigi's« trafen. Sie behauptete, es seien nicht 34, sondern 38 Muskeln. Vielleicht sind Frauenkiefer ja komplizierter strukturiert?

Die letzte Aufgabe im Rahmen meiner Tätigkeit als Versuchskaninchen: Tests beim Fachpersonal

»Und nun das Abschluss-Experiment im Rahmen unserer Diät für Männer«, sagte sie übergangslos. »Bitte teste die Bereitschaft von Wirten und Kellnern, auf die Wünsche ihrer Gäste nach schlanker Küche einzugehen. Wollen doch mal sehen, ob sie lügen, keine Ahnung haben oder herumzicken.«

»Du bestehst auf harter Recherche?«

»Na klar.«

»Luigi«, rief ich daraufhin, selbst gespannt, wie er reagieren würde, »ich liege in den letzten Zügen mit meiner Diät, du musst mich beraten.«

Luigi, der eine gewisse Ähnlichkeit mit Don Camillo und Peppone hatte – das Gesicht von Camillo, den Bauch von Peppone –, tat entsetzt: »Abnehmen? Du? Wo soll das hinführen? Aber, scusi, es ist dein Leben.« Mit links räumte er den Brotkorb und das Töpfchen Pesto aus meiner Reichweite (exakt ans äußerste Ende des Tisches), mit rechts schlug er die Seite der Fischgerichte seiner umfangreichen Karte auf, »Nix Antipasti«, raunte er mir zwischendurch zu, statt Vino stand Minuten später eine Familienflasche Aqua vor meiner Nase, und der traditionelle üppige Insalata Luigi war so klein wie anschließend der einsame Fisch auf dem übersichtlichen Teller.

Einsamer Fisch auf übersichtlichem Teller

»Gute Ansätze, doch der Kandidat denkt noch zu sehr

in alten Bahnen«, urteilte meine Frau. »Sollen wir ihm verraten, dass wenig essen unfroh und im Endeffekt wieder dick macht?«
Luigi hätte uns für verrückt erklärt.
Ich wiederholte das Experiment noch mehrfach. Wo immer ich den vertrauensselig Rat suchenden Diäter spielte – ob im »gutbürgerlichen« Restaurant, beim feinen Franzosen oder an der schnellen Sandwich-Theke, ob im Naturkostladen oder am Käsestand im Supermarkt –, stets gab man sich den Anschein von Mühe, doch heraus kam meistens nur fragmentarisches Wissen, manch absolut abstruse Vorstellung (»Grüner Tee aus China lässt das Fett einfach wegschmelzen«) oder die gute alte FdH-These. Glücklich satt und trotzdem schlank wäre ich damit nie geworden.

Eine der fachlichen Auskünfte: »Grüner Tee aus China lässt Fett einfach wegschmelzen«

Trauriges Fazit: Diät in Deutschland – das bedeutet gefälligst Frust und Entbehrung, und damit basta.

Diät in Deutschland = Frust und Entbehrung

Ich ziehe Bilanz. Und mein Nachbar wartet darauf, dass es plopp macht.

Am 85. Tag dieser Power-Diät für Männer wog ich morgens 87,5 Kilo, der Körperfettanteil war auf 24,8 Prozent gesunken, meine Gürtelschnalle passte ins erste der fünf Löcher, sämtliche Sachen der A-Phasen-Garderobe ließen sich widerstandslos überstreifen.

Das erfolgreiche Ende und der 2-Sekunden-Körper-Check in Rückenlage

Meine Frau überreichte mir strahlend eine Pracht-Urkunde mit der Aufschrift »DIPLOMIERTER DIÄTER«. Ich war versucht, die Annahme zu verweigern, weil der Buchstabe »D« an einen Mann mit dickem Bauch erinnert. Gefreut habe ich mich natürlich trotzdem, bis tief in die Nacht, und als ich mich dann zufrieden im Bett reckte und streckte, fiel mir ein, dass ich Ihnen meinen Zwei-Sekunden-Körper-Check noch nicht verraten habe, mit dem man sich für alle Zukunft bestens im Griff hat. Also: Flach auf dem Rücken liegend (ohne Kopfkissen) beide Hände links und rechts die Brust hinabgleiten lassen und dann voller Genugtuung bemerken, wie es jenseits der Rippenbögen nicht mehr aufwärts, sondern abwärts weitergeht.

Konkav statt konvex – das heimliche Motto dieses Buches.

Mein Nachbar hatte inzwischen den hundertsten Anti-Fettpolster-Erfolgstipp durchgeackert. »Die Krönung! Eine halbe Seite lang! Ich sage nur ein Wort: gelenkte Fantasie!«

»Das sind zwei.«

»Gelenkte Fantasie« als Mental-Diät-Methode. Von mir aus …

»Egal. Es geht so: Man sucht sich in seinem Heim einen ruhigen Ort, schließt die Augen, stellt sich vor, man hätte sein gewünschtes Gewicht bereits erreicht. Dieses Vorstellen ist so wie ein Film, verstehen Sie? Man achtet auf jede seiner Bewegungen auf der Leinwand – und findet sich von Minute zu Minute toller. Man lässt Freunde dazukommen, beobachtet, wie neidisch die auf einen sind. Man lässt die Freunde wieder ver-

schwinden, betrachtet die schlanke Person, die man selber ist, weiter und weiter – so lange, bis es plopp macht.«

»Plopp?«

»Plopp. Dann steht man auf und nimmt ab!«

Das ist jetzt einige Monate her.

Ich wiege nach wie vor 87,5 Kilo. Mein Nachbar hat nach wie vor seine quadratische Figur. Er wartet nach wie vor, dass es plopp macht.

ANHANG

Die neue Fett-Tabelle

600 Lebensmittel unter der Lupe

Fett macht fett, und darum ist es ausgesprochen hilfreich, wenn man weiß (oder mal nachgucken kann), wie viel davon in den verschiedensten Lebensmitteln steckt, die der Mensch – meistens ohne groß darüber nachzudenken – so zu sich nimmt.
Unsere Übersicht ist umfassend, praktisch lückenlos: ob Frühstücke oder kalte Gerichte und Salate, ob Fast Food & Snacks oder Fertiggerichte, ob Kuchen, Torten oder Desserts – es ist wirklich alles dabei. Selbst die kleinen Knabbereien zwischendurch haben wir in die Tabelle mit aufgenommen – für alle Fälle ...

Inhalt

Frühstücke	Fett in g
Bircher-Müsli mit Milch, 175 g	7
1 Brötchen mit Butter	10
1/2 Brötchen mit Marmelade	3
1/2 Brötchen mit Kräuterquark	3
1 Brötchen mit Quark und Marmelade	8
Chocos mit Milch, 175 g	6
Cornflakes (30 g) mit Magermilch	0
Cornflakes (30 g) mit Milch und Zucker	6
1 Croissant	14
1 Croissant mit Butter	22
Crunchy-Nut mit Milch, 175 g	6
1 Ei, gekocht	7
1 Ei-Brötchen	16
1 Ei-Toast	15
French Toast, 1 Portion	7
Frosties mit Milch, 175 g	6
Frucht-Müsli mit Joghurt und Honig	11
Fruchtsalat, 1 Portion	0
Frühstücksspeck (2 Sch.) mit 1 Ei	45
Haferfleks mit Milch, 175 g	6
1 Ham und eggs, 1 Portion	29
1 Honigbrötchen	10
Joghurt-Müsli mit Früchten, 1 Portion	11
1 Käsebrötchen	18
1 Käsetoast	18
Knusper-Müsli mit Milch, 1 Portion	9
Marmelade, Konfitüre, Honig, 1 EL	0
Müsli (30 g) mit Joghurt	10
Müsli (30 g) mit Joghurt und Zucker	10
Müsli (30 g) mit Magermilch, Süßstoff	6
Müsli (30 g) mit Milch, Obst und Honig	11
Nuss-Nougatcreme, 1 EL	6
Obst-Müsli (30 g) mit Milch	11
Pfannkuchen mit Ahornsirup, 1 Portion	11
Porridge, 1 Portion	9
1 Quarkbrötchen	8
1 Rührei	12
1 Rührei mit Schinken	13
1 Rosinenbrötchen mit Butter	11
1 kl. Rostbratwurst, 30 g	8
Schoko-Knusper-Müsli mit Milch, 175 g	9
1 Spiegelei	8

1	Toast, 1 Scheibe
9	Toast, 1 Scheibe, mit Butter und Honig
9	Toast, 1 Scheibe, mit Butter, Marmelade
3	Toast, 1 Scheibe, mit Quark und Marmelade
4	Toppas mit Milch, 175 g
14	Verlorene Eier, 2 Stück
0	Vollkornbrot, 1 Scheibe
17	Vollkornbrot, 1 Scheibe, mit Butter und Käse
8	Vollkornbrot, 1 Scheibe, mit Marmelade
21	Vollkornbrot, 1 Scheibe, mit Butter, Wurst
5	Vollkornbrot, 1 Scheibe, mit Kräuterquark
2	Vollkornbrot, 1 Scheibe, mit Quark
12	Waffeln, 1 Portion
23	1 Wurstbrötchen
22	1 Wursttoast, z. B. mit Salami

Fett in g	Kalte Gerichte und Salate
36	Amerikanischer Salat
48	Antipasti, 1 Portion
25	Brot, 1 Scheibe, mit Camembert
6	Brot, 1 Scheibe, mit Geflügelwurst
3	Brot, 1 Scheibe, mit Hüttenkäse
15	Brot, 1 Scheibe, mit Jagdwurst
11	Brot, 1 Scheibe, mit Leberpastete
15	Brot, 1 Scheibe, mit Leberwurst
24	Brot, 1 Scheibe, mit Salami
11	Brot, 1 Scheibe, mit Schinken
20	Brot, 1 Scheibe, mit Schmalz
11	1 Brötchen mit Beefhack
22	1 Brötchen mit Brie
26	1 Brötchen mit Gouda
6	1 Brötchen mit Geflügelwurst
4	1 Brötchen mit Hüttenkäse
14	1 Brötchen mit Krabben
16	1 Brötchen mit Lachs
16	1 Brötchen mit Leberwurst
11	1 Brötchen mit Mett & Zwiebeln
16	1 Brötchen mit Mortadella
24	1 Brötchen mit Salami
11	1 Brötchen mit Schinken
24	1 Brötchen mit Tatar und Ei
15	Carpaccio, 1 Portion 30 g
18	Carpaccio mit Parmesan und Baguette

1 Chefsalat mit Dressing	34
Eisbergsalat mit gebr. Putenbrust, 1 Portion	19
Fleischsalat, 1 Portion	13
Gazpacho, kalte Gemüsesuppe, 1 Tasse	4
Geflügelsalat, 1 Portion	12
Gefüllte Weinblätter, 5 Stück	24
Griechischer Bauernsalat, 1 Portion	23
Heringssalat, 1 Portion	25
Kartoffelsalat, 1 Portion, mit Essig und Öl	5
Kartoffelsalat, 1 Portion, mit Mayonnaise	11
Käsesalat, 1 Portion	11
Krautsalat ohne Speck, 1 Portion	6
Matjesfilet (1 Stück) mit Zwiebel und Apfel auf Brot	81
Meeresfrüchtesalat, 1 Portion	22
Mozzarella mit Tomaten, 1 Portion	23
Nudelsalat, 1 Portion	10
1 Schinkenrolle mit Frischkäse	28
1 Schinkenrolle mit Gemüsesalat	13
Shrimpscocktail, 1 Portion	12
Solei (1 Stück) mit Ketchup und Öl	12
Thunfischsalat, 1 Portion	26
Tzatziki, 1 Portion	12
Waldorfsalat, 1 Portion	10
Wurstsalat, 1 Portion	22

Fast Food und Snacks	Fett in g
Baguette mit Käse	15
Baguette mit Schinken	14
Bifi, 1 Stück	12
Bifi light, 1 Stück	8
1 Big Mäc	26
1 Bockwurst	28
1 Bockwurst mit Brötchen	29
1 Bratwurst mit Brötchen	57
1 Bratwurst mit Senf	55
1 Camembert, geb. mit Preiselbeeren	28
1 Cheeseburger	13
Chicken McNuggets, 1 Portion	12
Crêpes, 1 Portion, mit Zucker	13
1 Croque Monsieur	14
1 Currywurst	20
1 Currywurst mit Toast	21
1 Dönerkebab mit Salat & Tzatziki	11

22	Egg McMuffin, 1 Stück
26	Erbsensuppe, 1 Tasse
20	1 Fischmäc
23	Fish und Chips, 1 Portion
12	Französische Zwiebelsuppe, 1 Tasse
28	1 Frikadelle mit Senf
25	1 Frühlingsrolle
25	1 Gemüse-Mäc
13	Gulaschsuppe, 1 Tasse
9	1 Hamburger (McDonald's)
27	1 Hamburger Royal
34	1 Hamburger Royal TS
32	1 Hot dog
19	Kartoffelpuffer, 5 Stück
55	Kartoffelsalat mit Bockwurst
0	1 Kartoffel, gebacken
15	1 Kartoffel, gebacken mit Sourcreme
17	Knoblauchbrot, 1 Stück
23	Köfte mit Brot, 1 Portion
25	Krabbenbrot, 1 Scheibe, mit Spiegelei
34	Leberkäse, 1 Portion, 125 g
23	McChicken, 1 Portion
18	McCroissant, 1 Stück
10	McNuggets Gemüse, 1 Portion
21	1 McRib, 1 Portion
9	1 McRösti, 1 Portion
23	Ochsenschwanzsuppe, 1 Tasse
29	1 Omelette
27	1 Omelette mit Champignons
30	1 Omelette mit Käse
32	1 Omelette mit Schinken
14	Pizza, 1 Stück
22	Pommes frites, 1 Portion
22	Pommes frites, 1 Portion, mit Ketchup
35	Pommes frites, 1 Portion, mit Mayo
19	Rühreier (2 St.), mit Schnittlauch
20	Rühreier (2 St.), mit Schnittlauch und Toast
20	1 Schinkentoast
15	Serbische Bohnensuppe, 1 Tasse
46	Speck mit Ei und Toast
21	1 Spiegelei auf Toast
45	Tintenfische, fritiert, mit Remoulade
24	1 Toast Hawaii

Tomatensuppe, 1 Tasse	8
1 Weißwurst	31
1 Würstchen in Blätterteig	47

Warme Gerichte	Fett in g
Bauernfrühstück, 1 Portion	58
1 Beefsteak, 150 g	28
Bifteki mit Schafskäse, 1 Portion	25
Bœuf Stroganoff, 1 Portion	42
1/2 Brathähnchen	25
1/2 Brathähnchen mit Pommes frites	47
Brathering mit Bratkartoffeln, 1 Portion	40
Bratkartoffeln mit Speck, 1 Portion	32
Bratkartoffeln ohne Speck, 1 Portion	14
Brokkoli mit Butter, 1 Portion	8
Cannelloni Napoletana, 1 Portion	38
Champignonschnitzel, 1 Portion	17
Chateaubriand, 1 Portion	21
Chili con carne, 1 Portion	21
Cordon bleu, 1 Portion	20
Eisbein mit Sauerkraut, Erbsenpüree und Kartoffelbrei, 1 Portion	50
Ente mit Soße, 1 Portion	30
Erbsen mit Butter, 1 Portion	9
Erbsen-Möhren-Gemüse, 1 Portion	13
Erbsensuppe mit Würstchen, 1 Portion	41
Filet Wellington, 1 Portion	53
Filetsteak mit Kartoffeln, 1 Portion	67
Fischfilet, paniert, 1 Portion	19
Fischragout, 1 Portion	18
Forelle blau mit Butter, 1 Portion	15
Forelle gebraten, mit Kartoffeln und Salat, 1 Portion	39
Forelle, gebraten, 1 Portion	9
Frikadelle mit Erbsen-Möhren-Gemüse und Kartoffeln, 1 Portion	48
Gans mit Rotkohl und Klößen, 1 Portion	85
Gefüllte Kalbsbrust mit Soße, 1 Portion	20
Gemischtes Gemüse mit Butter, 1 Portion	7
Geschnetzeltes mit Curry, 1 Portion	26
Grünkohl mit Kasseler, 1 Portion	29
Grünkohl mit Kasseler, Speck, Kochwurst und Röstkartoffeln, 1 Portion	73
Hackbraten, 1 Scheibe	28

6	Hähnchenbrust, gebraten, 1 Portion
21	1 Hähnchenkeule, gebraten
41	Hasenrücken mit Soße, Äpfeln und Nudeln, 1 Portion
22	Hirschbraten mit Soße, 1 Portion
46	Hühnerfrikassee mit Reis, 1 Portion
19	Karpfen mit Kartoffeln und Salat, 1 Portion
62	Karpfen mit Kartoffeln, Salat, Butter und Sahnemeerrettich, 1 Portion
57	Kartoffelgratin mit Käse, 1 Portion
5	Kartoffelpüree, 1 Portion
48	Kartoffelsuppe mit Würstchen, 1 Teller
26	Käse-Makkaroni-Auflauf, 1 Portion
55	Käse-Spätzle, 1 Portion
16	Kohlroulade mit Soße, 1 Portion
11	Kroketten, 3 Stück
36	Lachs mit Kartoffeln und Salat, 1 Portion
48	Lammbraten mit Soße, 1 Portion
61	Lammkoteletts gebraten, 1 Portion
48	Lasagne, 1 Portion
21	Leberkäse mit Spiegelei, 1 Portion
35	Leberkäse mit Spiegelei und Bratkartoffeln, 1 Portion
111	Moussaka mit Auberginen, 1 Portion
21	Nasi-Goreng, 1 Portion
40	Nudelauflauf mit Hack, 1 Portion
6	Nudeln mit Butter, 1 Portion
14	Osso Buco, 1 Portion
20	Paprikaschnitzel, 1 Portion
57	Peking-Ente, 1 Portion
28	Pichelsteiner Eintopf, 1 Teller
13	Putensteak, gebraten, 150 g
36	1 Pizza Capricciosa
43	1 Pizza Frutti di Mare
32	1 Pizza Margherita
40	1 Pizza Prosciutto
28	1 Pizza Quattro Stagioni
39	1 Pizza Thunfisch
81	Pute gefüllt mit Soße, 1 Portion
13	Putenschnitzel, 1 Portion
28	Rahmgeschnetzeltes, 1 Portion
20	Rahmschnitzel, 1 Portion
28	Ravioli mit Tomatensoße, 1 Portion
15	Rehbraten mit Soße, 1 Portion
51	Rehrücken mit Soße und Spätzle, 1 Portion

Reis mit Butter, 1 Portion	7
Reisfleisch, 1 Portion	16
Rinderbraten, 1 Portion	23
Rinderbraten mit Sahnesoße, 1 Portion	26
Rindergulasch mit Nudeln, 1 Portion	32
Risotto, 1 Portion	22
Roastbeef mit Bratkartoffeln und Remoulade, 1 Portion	58
Rösti, 2 Stück	7
Roulade mit Soße, 1 Portion	34
Rumpsteak mit Kräuterbutter, 1 Portion	32
Salzkartoffeln, 1 Portion	0
Salzkartoffeln mit Butter, 1 Portion	9
Saté-Spieße mit Erdnusssoße, 1 Portion	24
Sauerbraten mit Soße, 1 Portion	28
Schellfisch mit Senfsoße, 1 Portion	15
Schmorbraten, 1 Portion	28
Scholle mit Speck, 1 Portion	51
Scholle mit Speck, Kartoffelsalat, 1 Portion	62
Schweinebraten mit Kruste, 1 Portion	25
Schweinefleisch süß-sauer, Reis, 1 Portion	15
Schweinehaxe, Sauerkraut und Kartoffelpüree, 1 Portion	39
Schweinekotelett, 150 g	34
Schweinelendchen, 150 g	29
Schweinerollbraten, 1 Portion	35
Schweinerückenbraten, 150 g	13
Schweineschnitzel mit Erbsen-Möhren-Gemüse und Kartoffeln, 1 Portion	44
Schweineschnitzel, paniert, 150 g	26
Souflaki, 1 Portion	10
Spaghetti Carbonara, 1 Portion	24
Spaghetti Gorgonzola, 1 Portion	34
Spaghetti mit Pesto, 1 Portion	15
Spaghetti mit Tomatensoße, 1 Portion	12
Spaghetti Bolognese, 1 Portion	39
Spare Ribs, 1 Portion	56
Spargel, 1 Portion, 500 g	0
Spargel, 1 Portion mit Butter	25
Spargel mit Schinken, Kartoffeln, 1 Portion	58
Spinat mit 1 Spiegelei und Kartoffeln	14
Steak mit Pfeffersoße, 1 Portion	33
Szegediner Gulasch, 1 Portion	20
Tintenfischringe mit Remoulade, 1 Portion	45
Tortellini mit Käse-Sahnesoße, 1 Portion	33

14	Tortellini mit Tomatensoße, 1 Portion
15	Wildgulasch, 1 Portion
26	Züricher Geschnetzeltes, 1 Portion

Fett in g	Fertiggerichte, aus Dose und Packung
2	Asiatischer Nudeltopf, Dose, 800 g
27	Bauernfrühstück, 1 Portion
22	Bohnen mit Rindfleisch, Dose, 560 g
13	Chili con carne, Tellergericht, 300 g
13	Fleisch-Tortellini, frisch, 225 g
14	Gemüse-Ravioli, frisch, 225 g
31	Grünkohlplatte, Tellergericht, 410 g
26	Gyros, Tellergericht, 300 g
33	Huhn mit Reis, Dose, 560 g
17	Hühnerfrikassee, 1 Portion, 385 g
27	Indischer Linseneintopf, Dose, 800 g
6	Kartoffel-Gratin Classic, 1 Portion
5	Kartoffel-Gratin mit Lauch, 1 Portion
4	Kartoffel-Gratin mit Zucchini, 1 Portion
35	Kohlrouladen, Dose, 800 g
29	Königsberger Klopse, Tellergericht, 460g
27	Maultaschen, Dose, 800 g
26	Miracoli, Cravattini, 1 Paket
14	Miracoli, Spaghetti, 1 Paket
30	Miracoli, Tortellini, 1 Paket
21	Nasi-Goreng, Dose, 540 g
8	Nudelgratin mit Brokkoli, 1 Portion
17	Putenfleisch Calypso, 1 Portion
19	Ravioli Montanara, 1 Portion
12	Rindfleisch chinesische Art, 1 Portion
7	Risotto, Brokkoli-Käse, 1 Packung
3	Risotto, Käse-Champignons, 1 Packung
15	Rizibizi, Huhn-Zucchini-Reis, 1 Portion
41	Rostbratwürstchen, Tellergericht, 500 g
15	Rösti mit Käse und Speck, 1 Portion
22	Schwäbische Maultaschen, 200 g
16	Spinat-Ravioli, frisch, 225 g

Fett in g	Fertiggerichte, tiefgefroren
16	American Dinner, Classic, 300 g
26	American Dinner, Southern, 300 g
10	Baguette Bolognese, 125 g
4	Chili con carne, 1 Beutel

Chop Suey, 350 g	11
Ente Shanghai, 350 g	13
Fisch Nuggets, 125 g	20
Fischpfanne Asiatisch, 200 g	4
Fischstäbchen, 150 g	11
Fisch-Gourmet-Filet Brokkoli, 200 g	11
1 Frühlingsrolle, 150 g	4
1 Geflügel-Stick, 25 g	2
Hähnchen im Backteig, 200 g	29
Jägerklößchen, 450 g	32
1 Käse-Schinken-Plätzli, 50 g	4
Lachs-Lasagne, 300 g	30
Lasagne Bolognese, 400 g	22
Makkaroni-Auflauf, 460 g	19
Nasi-Goreng, 350 g	8
Paella, 200 g	14
Pizza 4-Jahreszeiten	45
Pizza Blattspinat-Champignons	27
Pizza Calzone Speciale	45
Pizza Classica	38
Pizza Mozzarella	43
Pizza Salami	44
Pizza Schinken	33
Pizza Thunfisch	24
Pizza Vegetale	32
Schlemmerfilet Bordelaise, 200 g	20
Tortellini Tre Colori, 250 g	15
Vollkorn-Baguette Spinat-Käse, 125 g	13

Desserts und Süßes	Fett in g
Apfelkompott oder -mus, 1 Portion	1
Birne Helene, 1 Portion	14
Buttermilchgelee mit Vanillesoße, 1 Portion	3
Cappuccino-Mousse, 1 Becher	7
Crêpes Suzettes, 1 Portion	14
Eis (3 Kugeln), gemischt	9
Eis (3 Kugeln), mit Sahne	21
Eiskaffee, 1 Portion	19
1 Cornetto Erdbeer	4
1 Cornetto Nuss	10
1 Cornetto Rumtopf	9
1 Cornetto Vanille	13
1 Cornetto Walnuss	12

8	1 Domino
1	1 Eis-Capri
15	Eis-Konfekt, 1 Packung
16	Cestelli Schoko Vanille, 1 kleiner Becher
19	1 Magnum
17	1 Magnum Mandel
19	1 Magnum weiß
15	1 Nogger
8	1 Schwarzwald-Becher
4	Fruchtcreme (3 Kugeln)
15	Fruchtcreme (3 Kugeln) mit Sahne
22	Fruchteisbecher, 1 Portion
3	Fruchtgelee mit Vanillesoße, 1 Portion
11	Fruchtsülze, 1 Portion
0	Gemischte Beeren, 1 Portion
4	Gemischte Beeren mit Milch, 1 Portion
0	Götterspeise, Becher
3	Götterspeise mit Vanillesoße, 1 Portion
3	Grießflammeri mit Saft, 1 Portion
3	Grießpudding mit Soße, 1 Becher
5	Karamellcreme, 1 Portion
3	Mokkacreme, 1 Portion
18	Mokkacreme mit Sahne, 1 Portion
5	Mousse au chocolat, 1 Becher
14	Mousse au chocolat, 1 Portion
27	Mousse au chocolat mit Sahne, 1 Portion
0	Obstkompott, 1 Portion
0	Obstsalat, 1 Portion
13	Obstsalat mit Sahne, 1 Portion
14	Pfirsich Melba, 1 Portion
2	Quarkspeise mit Obst, 1 Portion
7	Reis Trautmannsdorf, 1 Portion
3	Rote Grütze mit Milch, 1 Portion
6	Rotwein-Mousse, 1 Becher
9	Schokoladencreme, 1 Portion
15	Schokoladencreme mit Sahne, 1 Portion
1	Schokopudding mit Vanillesoße, 1 Becher
17	Tiramisu, 1 Portion
5	Vanille Mousse (Becher), 1 Portion
3	Vanillepudding, 1 Portion
4	Vanillepudding mit Sahne, 1 Becher
6	Vanillepudding mit Schokoladensoße, 1 Portion
18	Weincreme, 1 Portion

Weiße Mousse, 1 Becher	6
Weißwein-Mousse, 1 Becher	6
Zitronencreme mit Sahne, 1 Portion	20

Kuchen, Torten und Gebäck	Fett in g
Amerikaner, 1 Stück	8
Apfelkuchen, 1 Stück	7
Apfelkuchen mit Sahne, 1 Stück	21
Apfelstrudel, 1 Stück	18
Apfeltasche, 1 Stück	8
Apfeltasche, McDonald's, 1 Stück	8
Apfeltorte, 1 Stück	10
Apfeltorte mit Sahne, 1 Stück	23
Baiserschale, 1 Stück	0
Baiserschale mit Sahne, 1 Stück	14
Berliner, Krapfen, 1 Stück	8
Bienenstich, 1 Stück	11
Biskuitrolle, gefüllt, 1 Scheibe	14
Blätterteigstückchen, 1 Stück	18
Buttercremetorte, 1 Stück	36
Butterkeks, 1 Stück	1
Butterkuchen, 1 Stück	12
Donauwellen, 1 Stück	17
Doppelkeks gefüllt, 1 Stück	6
Doughnut, 1 Stück	3
Eiswaffel, 1 Stück	0
Frankfurter Kranz, 1 Scheibe	12
Früchtekuchen, 1 Stück	5
Gewürzkuchen, 1 Stück	10
Käse-Sahne-Torte, 1 Stück	20
Käsekuchen, 1 Stück	10
Kekskuchen, 1 Scheibe	16
Königskuchen, 1 Stück	23
Linzer-Torte, 1 Stück	19
Löffelbiskuit, 1 Stück	0
Mandelmakrone, 1 Stück	2
Marmorkuchen, 1 Scheibe	11
Marmorkuchen mit Schokoguss, 1 Scheibe	13
Marzipan-Stollen, 1 Scheibe	17
Mohnkuchen, 1 Scheibe	10
Möhrentorte, 1 Stück	12
Mokka-Sahne-Torte, 1 Stück	24
Nussecke, 1 Stück	13

14	Nusskuchen, 1 Scheibe
4	Obstkuchen (Blech), 1 Stück
5	Obsttorte, 1 Stück
7	Obsttortelett, 1 Stück
8	Pfannkuchen, 1 Stück
8	Quarktorte, 1 Stück
12	Rehrücken, 1 Stück
4	Rosinenschnecke, 1 Stück
0	Russischbrot, 1 Stück
16	Sandkuchen, 1 Scheibe
29	Schillerlocke mit Sahne, 1 Stück
30	Schokoladen-Sahne-Torte, 1 Stück
3	Schokowaffel, klein, 1 Stück
39	Schwarzwälder Kirschtorte, 1 Stück
10	Schweineohr, 1 Stück
6	Spritzkuchen, 1 Stück
17	Stollen, 1 Scheibe
30	Streuselkuchen, 1 Stück
1	Vollkornkeks, 1 Stück
2	Waffel mit Schlagsahne, 1 Stück
21	Windbeutel mit Schlagsahne, 1 Stück
10	Yes-Torty, 1 Stück
10	Zuckerkuchen, 1 Stück
4	Zwetschgenkuchen, 1 Stück

Fett in g	Knabbereien
1	After eight, 1 Stück
12	Ballisto, 1 Riegel
14	Banjo, 1 Riegel
8	Bounty, 1 Riegel
51	Cashewkerne, 100 g
24	Chili-Chips, 100 g
29	Chipsletten, 100 g
9	Choco Crossies, 1 Tüte
38	Club-Kräcker, 200 g
6	Duplo, 1 Riegel
4	Ferrero Küsschen, 1 Stück
0	Fruchtgummi, 10 g
0	Geleefrüchte, 50 g
0	Gummibärchen, 1 Stück
7	Hanuta, 1 Stück
0	Karamellbonbon, 1 Stück
0	Katzenpfötchen, 100 g

Katzenzunge, 1 Stück	2
Kaugummi, 1 Streifen	0
Kinderschokolade, 1 Riegel	4
Kit Kat, 1 Stück	4
Knoppers, 1 Stück	8
Kokosnuss, 100 g	36
Kroepoek, 100 g	1
Lila Pause, 1 Riegel	13
Lion, 1 Riegel	9
M und M's Schokolade, 100 g	21
Mars, 1 Riegel	11
Marshmallow, 1 Stück	0
Marzipanbrot, 100 g	30
Milchschnitte, 1 Stück	7
Milky-Way, 1 Riegel	5
Mon cheri, 1 Stück	2
Müsli-Riegel, 1 Stück	4
Nappo, 1 Stück, 50 g	4
Nimm 2, 1 Bonbon	0
Nippon, Knusperreis, 1 Stück	0
Nüsse (Hasel-, Mandeln) 100 g	62
Nuts, 1 Riegel	11
Pistazien, 100 g	57
Popcorn, 1 Beutel, 40 g	2
Roche (Ferrero), 1 Stück	2
Rolo Toffee, 1 Stück	1
Salzbrezeln, Salzstangen, 100 g	6
Salzheringe, 100 g	0
Schokokuss, 1 Stück	3
Schokolinsen, 1 Beutel, 200 g	22
Smarties, 2 Stück	1
Snickers, 1 Riegel	16
Studentenfutter, 100 g	37
Tiamo, 1 Stück	4
Toffifee, 1 Stück	3
Tortilla-Chips, 100 g	22
Treets Kugeln, 100 g	37
Trüffel-Praline, 1 Stück	4
Tuc-Cräcker, 100 g	25
Twix, 1 Riegel	7
Vollmilch-Schokolade, 100-g-Tafel	32
Walnüsse, 100 g	62
Weinbrand-Bohne, 1 Stück	2

2	Weinbrand-Kirsche, 1 Stück
0	Weingummi, 10 g
44	Zartbitter-Schokolade, 100-g-Tafel

Fett in g	Die besten Schlankmacher in 100 g stecken:
0	Gewürzgurken
0	Rohes Gemüse
0	Frische Früchte
0	Russischbrot
0	Gummibärchen
0,1	Magermilchjoghurt
0,1	Kartoffeln
1	geräucherte Putenbrust (ohne Haut)
1	Harzer Käse
1,4	Krabben
1,5	Buttermilch
2,7	Forelle
2,9	Körniger Frischkäse
2,9	Lachsschinken ohne Fettrand

Fett in g	Die schlimmsten Dickmacher in 100 g stecken:
84	Mayonnaise, Remoulade
66	Pinienkerne
62	Waldnüsse
53	Erdnüsse, geröstet, gesalzen
45	Sauce Hollandaise
39	Kartoffelchips
38	Käsegebäck
37	Studentenfutter
37	Fleischsalat
32	Doppelrahm-Frischkäse, 60 % Fett
31	Bratwurst
30	Gans
30	Fleischkäse
26	Nussecken